LOGÍSTICA COLABORATIVA

LOGÍSTICA COLABORATIVA

Elaine Christine
Daniele Melo de Oliveira

Rua Clara Vendramin, 58 :: Mossunguê
CEP 81200-170 :: Curitiba :: PR :: Brasil
Fone: (41) 2106-4170
www.intersaberes.com
editora@intersaberes.com

Conselho editorial
Dr. Ivo José Both (presidente)
Dr. Alexandre Coutinho Pagliarini
Drª. Elena Godoy
Dr. Neri dos Santos
Dr. Ulf Gregor Baranow

Editora-chefe
Lindsay Azambuja

Gerente editorial
Ariadne Nunes Wenger

Assistente editorial
Daniela Viroli Pereira Pinto

Edição de texto
Larissa Carolina de Andrade
Letra & Língua Ltda.
Floresval Nunes Moreira Junior

Capa
Luana Machado Amaro (design)
Syda Productions/Shutterstock (imagem)

Projeto gráfico
Bruno Palma e Silva

Diagramação
Signus Design

Equipe de design
Débora Gipiela
Luana Machado Amaro

Iconografia
Naiger Brasil Imagem
Regina Claudia Cruz Prestes

Dados Internacionais de Catalogação na Publicação (CIP)
(Câmara Brasileira do Livro, SP, Brasil)

Christine, Elaine.
   Logística colaborativa/Elaine Christine, Daniele Melo de Oliveira. Curitiba: Editora InterSaberes, 2021.

   ISBN 978-65-89818-73-1

   1. Estratégia organizacional 2. Logística. 3. Logística (Organização) 4. Logística (Organização) – Administração I. Oliveira, Daniele Melo de. II. Título.

21-65272   CDD-658.5

Índices para catálogo sistemático:

1. Logística: Administração de empresas   658.5

Maria Alice Ferreira – Bibliotecária – CRB-8/7964

1ª edição, 2021.
Foi feito o depósito legal.

Informamos que é de inteira responsabilidade das autoras a emissão de conceitos.

Nenhuma parte desta publicação poderá ser reproduzida por qualquer meio ou forma sem a prévia autorização da Editora InterSaberes.

A violação dos direitos autorais é crime estabelecido na Lei n. 9.610/1998 e punido pelo art. 184 do Código Penal.

sumário

apresentação 7
como aproveitar ao máximo este livro 10

Capítulo 1
Logística colaborativa
1.1 Conceito e fundamento da logística colaborativa 17
1.2 Cadeia de suprimentos colaborativa 23
1.3 *Customer relationship management* colaborativo 32
1.4 Compras colaborativas 37
1.5 Planejamento estratégico colaborativo 39

Capítulo 2
Logística colaborativa e sua relação com transportes e fornecedores
2.1 Transporte colaborativo 47
2.2 Roteirização 51
2.3 *Milk Run* 57
2.4 Consórcio modular 64
2.5 Logística colaborativa entre fornecedores 67

Capítulo 3
Logística colaborativa e provedores logísticos
3.1 Provedores logísticos   75
3.2 Armazéns compartilhados   88
3.3 Condomínios logísticos   93
3.4 Plataformas logísticas   98

Capítulo 4
Interação entre logística colaborativa e logística urbana
4.1 Logística colaborativa e distribuição urbana   109
4.2 Multimodalidade e uso de tecnologias de última milha   115
4.3 Novas formas de entrega e estrutura urbana   116
4.4 *Lockers*   122
4.5 Sustentabilidade e logística colaborativa   124
4.6 Logística urbana: legislações   132

Capítulo 5
Tecnologia aplicada à logística colaborativa
5.1 Tecnologias de logística colaborativa   147
5.2 Compartilhamento de informações e processos   157
5.3 Conexão entre tecnologia e logística 4.0   162
5.4 Inteligência logística colaborativa   166
5.5 Logística reversa colaborativa   168

Capítulo 6
Custo-benefício da logística colaborativa
6.1 Terminologia básica de custos   179
6.2 Gestão de custos   185
6.3 Redução de custos com transporte colaborativo   187
6.4 Redução de custos com compartilhamento de armazéns   191
6.5 Gestão de riscos na logística colaborativa   194
6.6 Futuro da logística colaborativa   200

para concluir...   207
lista de siglas   209
referências   211
bibliografia comentada   223
sobre as autoras   225

apresentação

A celeridade com que o mercado desafia as organizações a repensar suas atividades e seu modo de se relacionar com os diversos elos da cadeia logística faz com que surjam novos meios de competitividade. Nesse contexto, desenvolver um livro que reúna os conceitos necessários à sobrevivência de uma organização por meio da logística colaborativa é uma tarefa das mais complexas, pois, ao acolhermos determinada perspectiva, refutamos tantas outras igualmente importantes, em virtude da impossibilidade de tratarmos, aqui, de todas as subáreas contidas em um assunto. Por isso, as escolhas que fizemos têm o compromisso de auxiliar o leitor no entendimento do que seja a logística colaborativa, fornecendo subsídios para que possa empregá-la em sua estratégia organizacional.

Cabe ressaltar que prezamos, nesta obra, por uma escrita dialógica, aproximando-nos do leitor por meio de recursos de aprendizagem diversos, como exemplos, estudos de caso, entre outros. Para tanto, o tratamento do conteúdo ora oscila para uma explanação mais simples, ora mais específica, mas sempre orientada pelas diretrizes da redação acadêmica. Por meio de um vasto levantamento bibliográfico, refletimos sobre alguns pontos indispensáveis da logística colaborativa como importante ferramenta de gestão estratégica, a fim de quebrar barreiras tão bem solidificadas por gestores e suas organizações, que insistem em projetar mundos isolados de seus parceiros.

No Capítulo 1, abordamos os princípios da logística colaborativa e discutimos sua importância para as empresas diante de um mercado competitivo e exigente. Ainda, demonstramos o funcionamento da cadeia de suprimentos colaborativa e os pontos mais relevantes para que os processos logísticos sejam aperfeiçoados. Para tanto, vamos ilustrar o planejamento, a previsão e o reabastecimento colaborativo, compreendendo suas principais atividades e finalidades. Na sequência, analisamos o *customer relationship management* (CRM) colaborativo, explanando a respeito de seus objetivos e fornecendo alguns exemplos de sistemas já empregados por certas empresas, momento em que também discutimos a realização de compras colaborativas e o planejamento estratégico colaborativo.

Examinamos, no Capítulo 2, o funcionamento da relação entre a logística colaborativa e os transportes, buscando entender como são realizadas as colaborações na movimentação de cargas e como funciona a roteirização no processo de melhoria dos serviços prestados. O *Milk Run*, como método, auxilia igualmente as empresas, cabe saber de que maneira. Além disso, é preciso reconhecer o consórcio modular e identificar como ocorre a relação colaborativa junto aos fornecedores.

No Capítulo 3, tratamos dos operadores logísticos 3PL e 4PL, identificando suas principais características e sua importância para os processos logísticos das empresas. Evidenciamos, ainda, os depósitos compartilhados e como eles beneficiam os participantes da cadeia de suprimentos. Também versamos sobre os condomínios logísticos e as plataformas logísticas, demonstrando o que as diferenciam e quais são os principais serviços oferecidos.

No Capítulo 4, abordamos o papel desempenhado pela logística colaborativa com relação à distribuição urbana; identificamos novas formas de entrega e sua adequação às estruturas urbanas; explicamos o que são os *lockers* e como eles funcionam; analisamos de que forma a sustentabilidade é empregada na logística colaborativa; e, por fim, mas não menos importante, discutimos as legislações pertinentes à logística urbana.

Por sua vez, no Capítulo 5, analisamos quais são e como são utilizadas as tecnologias aplicadas à logística colaborativa, bem como sua importância para os processos logísticos. Nesse momento, levantamos uma discussão em torno dos seguintes tópicos: compartilhamento de informações e processos; tecnologias e a logística 4.0; inteligência logística colaborativa; logística reversa colaborativa e suas vantagens para a empresa como um todo.

No Capítulo 6, adentramos a terminologia básica de custos. Demonstramos, então, como é realizada a redução de custos com o transporte colaborativo e o compartilhamento de armazéns. Por fim, identificamos a gestão de riscos na logística colaborativa e examinamos o que se espera de um futuro voltado às inovações da logística colaborativa.

Diferenciais competitivos, inovações tecnológicas e otimização dos serviços são alguns fatores, entre tantos outros, responsáveis pela necessidade de o profissional se atualizar a fim de acompanhar um mercado que vive em constante evolução. Com isso, a logística colaborativa desempenha um papel relevante para as organizações e todos os envolvidos nesse processo.

A vocês, estudantes, administradores, professores e demais interessados pela logística colaborativa, desejamos excelentes reflexões.

como aproveitar ao máximo este livro

Empregamos nesta obra recursos que visam enriquecer seu aprendizado, facilitar a compreensão dos conteúdos e tornar a leitura mais dinâmica. Conheça a seguir cada uma dessas ferramentas e saiba como elas estão distribuídas no decorrer deste livro para bem aproveitá-las.

Conteúdos do capítulo
Logo na abertura do capítulo, relacionamos os conteúdos que nele serão abordados.

Após o estudo deste capítulo, você será capaz de:
Antes de iniciarmos nossa abordagem, listamos as habilidades trabalhadas no capítulo e os conhecimentos que você assimilará no decorrer do texto.

Introdução do capítulo
Logo na abertura do capítulo, informamos os temas de estudo e os objetivos de aprendizagem que serão nele abrangidos, fazendo considerações preliminares sobre as temáticas em foco.

Perguntas & respostas
Nesta seção, respondemos às dúvidas frequentes relacionadas aos conteúdos do capítulo.

O que é?
Nesta seção, destacamos definições e conceitos elementares para a compreensão dos tópicos do capítulo.

Exercícios resolvidos

Nesta seção, você acompanhará passo a passo a resolução de alguns problemas complexos que envolvem os assuntos trabalhados no capítulo.

Para saber mais

Sugerimos a leitura de diferentes conteúdos digitais e impressos para que você aprofunde sua aprendizagem e siga buscando conhecimento.

Síntese

Ao final de cada capítulo, relacionamos as principais informações nele abordadas a fim de que você avalie as conclusões a que chegou, confirmando-as ou redefinindo-as.

Estudo de caso

Nesta seção, relatamos situações reais ou fictícias que articulam a perspectiva teórica e o contexto prático da área de conhecimento ou do campo profissional em foco com o propósito de levá-lo a analisar tais problemáticas e a buscar soluções.

Bibliografia comentada

Nesta seção, comentamos algumas obras de referência para o estudo dos temas examinados ao longo do livro.

Logística colaborativa

Conteúdos do capítulo:

- Contextualização da logística colaborativa.
- Fundamentos da logística colaborativa.
- Cadeia de suprimentos colaborativa (esquema horizontal de colaboração).
- *Customer relationship management* (CRM) colaborativo.
- Compras colaborativas.
- Planejamento estratégico colaborativo.

Após o estudo deste capítulo, você será capaz de:

1. definir o que é a logística colaborativa;
2. identificar os fundamentos da logística colaborativa;
3. demonstrar como funciona a cadeia de suprimentos colaborativa;
4. analisar o CRM colaborativo e sua função;
5. reconhecer como são realizadas as compras colaborativas;
6. distinguir o planejamento estratégico colaborativo.

Em um ambiente altamente competitivo, como este em que vivemos atualmente, cresce a necessidade de desenvolver ações que tragam diferenciais para empresas. Clientes cada vez mais exigentes, demandas cada vez mais específicas e custos cada vez mais altos transformam-se em obstáculos que devem ser superados por qualquer organização que queira manter-se no mercado. É dessa urgência que surge uma nova forma de trabalhar: a gestão de relacionamento com os parceiros, isto é, trata-se de uma gestão compartilhada, de um controle dividido dos serviços de logística, cuja colaboração transforma-se em um meio para a ação integrada e a diferenciação estratégica. Desse modo, a colaboração tem sido o fio condutor mais eficaz para o aperfeiçoamento de processos que, frequentemente, caracterizam-se como interorganizacionais, integrando empresas parceiras ou concorrentes e buscando um envolvimento de toda a cadeia de suprimentos, com o propósito de aumentar a eficiência a fim de suprir as exigências de mercado. Assim, a colaboração figura como um elemento de extrema importância para o desempenho das organizações, sendo um diferencial na busca pela satisfação dos clientes e pela diminuição de custos.

capítulo 1

1.1 Conceito e fundamento da logística colaborativa

O conceito apresentado pelo Conselho de Gestão Logística (*Council of Logistic Management* – CLM), responsável por definir o planejamento e o controle de todas as atividades associadas às logística interna e interorganizacional, bem como por verificar a coordenação e a colaboração entre todos os componentes da cadeia (prestadores de serviços, fornecedores e consumidores), entende a logística como um processo de planejamento, implementação e controle do fluxo e armazenamento eficiente e eficaz de produtos, serviços e/ou informações, com a finalidade de satisfazer as exigências dos clientes (Turban; Volonino, 2013).

A logística corresponde, segundo Morais (2015), a um conjunto de atividades relacionadas a um processo que envolve desde o fornecimento (ou a produção) de matéria-prima básica, percorrendo todas as fases até chegar ao produto acabado, bem como sua distribuição aos canais responsáveis pelo encaminhamento ao cliente.

> *A logística faz-se presente em todos os momentos, sejam eles profissionais ou pessoais:* armazenando, transportando, distribuindo objetos, recursos, informações, suprimentos, produtos acabados, semiacabados, matérias-primas, um simples e-mail ou telefonema. Todas as áreas de uma empresa têm suas metas e fases a serem desenvolvidas e a logística permite o desenvolvimento de todas elas, mesmo que se faça despercebida ela está em cada momento, em cada ação. Cabe às áreas estudar como utilizar-se das ferramentas que a logística oferece e como ela interfere nos seus resultados. (Fernandes, 2008, p. 11)

Assim, cabe à logística propor uma aplicação eficaz e eficiente do tempo, da qualidade e dos custos de matéria-prima, iniciando seu trabalho no ponto de origem e finalizando no ponto de consumo. A logística é muito importante para as empresas, pois opera na gestão de recursos, concedendo qualidade aos produtos e serviços e conquistando a satisfação dos consumidores, com ênfase às exigências do mercado (Izidoro, 2017).

No cenário atual, a cooperação entre as organizações é o ponto de partida para o ambiente competitivo, e isso ocorre quando duas ou mais empresas atuam de forma conjunta em busca de uma oferta de valor mais transformadora e diversificada para o cliente. Para Bertaglia (2016), a colaboração surge do relacionamento, e toda relação, em seu início, gera desconfiança. Contudo, a nova economia exige inovação para que outras (e novas) ideias sejam colocadas em prática. Martins (2019) defende que a colaboração não é um simples método de terceirização, mas sim uma integração efetiva de uma rede de parceiros que divide seus recursos para constituir valor e receber seus proveitos. Borges (2011) entende *colaboração* como algo que desponta da dedicação entre participantes com os mesmos propósitos, guiados por normas e sob determinada governança, a fim de constituir indicadores de acompanhamento de gestão, formando-se, assim, uma entidade colaborativa ou um esforço de colaboração. Logo,

> *A logística colaborativa nada mais é que a colaboração de dois ou mais elos de uma cadeia de suprimento, seja ele em nível superficial, por exemplo, a união de agentes para a entrega de um evento específico, ou em nível estratégico (compartilhando informações e tomando decisões conjuntas), com o intuito de agregar*

valor à cadeia seja através da redução de custos, eficiência operacional, aumento do nível de serviço ou até melhorias para o meio ambiente. (Adão, 2014, p. 4)

Vários fatores influenciam esse processo cooperativo, como a flexibilidade das demandas oferecidas pelo parceiro, o compartilhamento de informações úteis ao planejamento e às ações coexistentes, bem como a disposição em resolver os problemas.

Grosso modo, podemos entender *logística colaborativa* como um ato cooperativo entre integrantes da cadeia de suprimento e que tem como propósito reduzir custos, satisfazer os clientes e proporcionar um melhor atendimento às demandas por meio de processos integrados, com o uso de tecnologias da informação e da comunicação no âmbito logístico da organização. O uso de redes de comunicação aponta para um **projeto de sistemas colaborativos**, o que permite que os participantes atuem de maneira conjunta em uma mesma atividade ou repassem informações mais facilmente e com mais eficácia, visto que esse tipo de projeto engendra a comunicação (compartilhamento de informações interna e externamente à empresa em grupos de interesse), a coordenação (ações conjuntas somadas a esforços individuais de trabalho e ao uso de recursos tecnológicos) e a colaboração (cooperatividade em projetos e tarefas simultâneas) entre os envolvidos (Robles, 2016).

Exercício resolvido

O gerenciamento logístico inclui o projeto e a administração de sistemas e tem como finalidade controlar o fluxo de materiais, os estoques em processo e os produtos acabados, fortalecendo, com isso, as estratégias das unidades de negócios da empresa. A logística busca, sobretudo, atingir um nível elevado de satisfação do cliente ao menor custo possível. Logo, é nesse cenário e diante dessas necessidades que surge a logística colaborativa, que tem como função:

a. administrar a rede de transporte de matérias-primas de um fornecedor para a empresa, promovendo a estruturação da modulação do abastecimento.

b. gerir o centro de distribuição da empresa, como a localização das unidades de movimentação, o abastecimento do setor de pedidos, a controladoria de expedição, bem como o transporte de materiais entre fábricas e outros centros de distribuição.

c. gerir a distribuição de materiais para o abastecimento de postos de conformação e montagem de produtos, devendo obedecer às normas e às datas estabelecidas pela coordenação de produção.

d. promover o planejamento, o controle e a execução do andamento da produção, desde a aquisição da matéria-prima até a distribuição do produto final ao consumidor.

e. reduzir os custos de produção com a colaboração de dois ou mais elos de uma cadeia de suprimento, visando diminuir o preço revertido ao cliente, sendo imprescindível, para isso, que as empresas troquem, entre si, informações, conhecimentos, competências e técnicas a fim majorar sua competitividade diante da concorrência.

Resposta: (e). A logística colaborativa, como o próprio nome sugere, consiste na colaboração de dois ou mais elos de uma cadeia de suprimento, tendo como finalidade diminuir o preço revertido ao cliente. Para que isso ocorra, é preciso que as empresas troquem, entre si, informações, conhecimentos, competências e técnicas a fim de majorar sua competitividade em relação à concorrência. A alternativa (a) refere-se sobre logística de abastecimento; a alternativa (b) retrata a função da logística de distribuição; a alternativa (c) revela o objetivo da logística de manufatura; e a alternativa (d) explicita a finalidade da logística organizacional.

Para Bowersox et al. (2006), a colaboração entre as empresas deve ser organizada de acordo com valores recíprocos indispensáveis para aprimorar e auxiliar as operações estratégicas coordenadas, tendo o cuidado para não favorecer apenas uma parte dos participantes, sendo imprescindível, ainda, estabelecer propósitos compartilhados entre clientes e fornecedores sobre as políticas da colaboração, bem como deixar evidente a melhor oferta aos clientes finais. Os autores ainda mencionam que, quanto à rotina e aos acontecimentos imprevistos, devem ser definidas instruções formais que estabeleçam políticas e métodos operacionais conjuntos, cabendo decidir, ainda, os papéis de liderança e suas responsabilidades. Para tanto, é preciso descrever, no planejamento, as informações operacionais, evidenciando os vínculos financeiros entre as empresas dependentes de um desempenho recíproco. Tais políticas também devem explicitar a divisão de riscos e vantagens, espelhando-os entre os parceiros. Por fim, é imperioso, nessa colaboração, a sensibilidade quanto aos pontos negativos, pois os parceiros devem estar preparados para agir em situações difíceis, como o fim do relacionamento.

A logística colaborativa pode ser introduzida de várias maneiras dentro das organizações, sendo uma delas por meio dos **operadores logísticos** que, de acordo com Caxito (2019), disponibilizam soluções e serviços inteligentes para empresas que almejam, entre outras coisas, qualidade no transporte de seus produtos. Rodrigues et al. (2014) explicam que os relacionamentos com os operadores logísticos devem ser qualificados por meio da condição colaborativa e interdependente na gestão das operações logísticas. Tal relacionamento precisa garantir o **trabalho colaborativo**, que aponta para a total conformidade nas operações, uma vez que esse operador funciona como uma célula da cadeia de suprimentos. De forma abrangente, os operadores logísticos servem a empresas responsáveis, entre outros aspectos, por movimentação, armazenamento, transporte, processamento de pedidos e controle de estoques de seus clientes. Esses operadores podem atender até mesmo empresas concorrentes, desde que observado o princípio da confidencialidade (Fernandes, 2008). Empresas que funcionam como operadores logísticos tendem a proporcionar, de maneira integrada, serviços personalizados com inúmeras atividades, como armazenagem, estoque e transporte, além de evidenciarem um projeto de planejamento de operações logísticas integradas (Rodrigues et al., 2014).

Segundo Buller (2012), um fato a ser examinado é a força da logística colaborativa na quebra de paradigmas, já que concorrentes trabalham juntos com vistas a reduzir seus custos, direcionados para a distribuição física nos grandes centros distribuidores e varejistas de produtos já manufaturados. Todavia, apesar de essas alianças originarem muitas vantagens, existem fatores que, por vezes, dificultam seu cumprimento, como o compartilhamento de informações estratégicas para a execução da operação, a incompatibilidade de sistemas de informação e a falta de alinhamento entre os objetivos (Adão, 2014). Além disso, a colaboração ainda é encarada como um assunto complexo, especialmente em razão da falta de confiança entre as empresas concorrentes.

Perguntas & respostas

Ainda que se admita inúmeras vantagens aliadas à logística colaborativa, por que a maior parte das empresas ainda encara esse processo com algo passível de desconfiança?

Resposta: O mercado encontra-se cada vez mais competitivo, e esse cenário faz com que as empresas busquem diferenciais a fim de agregar valor a seus produtos e serviços. Como existem muitas empresas vendendo o mesmo produto, os gestores presumem que seriam "passados para trás" ao admitirem o sistema de colaboração. É claro que a colaboração sem confiança e comunicação constante entre os participantes torna-se ineficiente e prejudicial.

Assim, para que a colaboração seja vantajosa, é indispensável entender como se relacionam os agentes comerciais dentro de um canal de distribuição e verificar como eles avaliam esses relacionamentos. Desse modo, a empresa precisa colher e disponibilizar informações sobre seus desempenhos, bem como sobre o desempenho de seus parceiros, o que pode ser mensurado por indicadores de desempenho logísticos.

Os **indicadores de desempenho logísticos** podem acompanhar a qualidade das atividades logísticas internas à empresa ou de seus parceiros. Por isso, são classificados em:

- **Internos**: controlam a execução dos processos internos de uma empresa.
- **Externos**: controlam a atuação dos serviços efetuados pelos parceiros da empresa.

Uma vez constituídos os indicadores de desempenho, eles não podem ser apenas punitivos ao operador, mas devem ser o termômetro da relação entre a empresa e seu prestador de serviço (Caxito, 2019).

Quando uma organização coloca em pauta os diferenciais de seu negócio, percorre conceitos como disponibilidade, rapidez e consistência no atendimento, visto que essas características lhe são fundamentais. A logística, nesse sentido, tem o poder de criar diferenciais para a empresa, tornando-a mais competitiva. Logo, a organização que planeja, atua e gerencia melhor seus processos e suas operações, desde o recebimento de materiais até a entrega de produtos ou serviços a um custo razoável, oferta valor aos seus clientes (Martins, 2019).

No fundamento da logística colaborativa está, como se sabe, a colaboração entre os parceiros da cadeia – fornecedores, clientes ou outros participantes. Todos trabalham e colaboram com o projeto ou o serviço, sendo essa parceria definida pelo elevado grau de comprometimento entre todos os envolvidos, sempre com foco na eficácia dos serviços entregues e buscando extinguir desperdícios e otimizar equipamentos, mão de obra e recursos utilizados (Buller, 2012).

Ao mesmo tempo, são alcançadas melhorias em todos os pontos da cadeia; está em curso, portanto, uma operação com benefícios recíprocos: primeiramente ao cliente, que aufere um serviço com nível superior a um custo competitivo, e depois aos centros distribuidores e varejistas dos produtos já manufaturados, visto que as empresas concorrentes trabalham unidas na procura de redução de custos, como destaca Nicolini (2011).

A concepção fundamental é a de que o comportamento colaborativo entre empresas que fazem parte dos processos (a) eleva ao máximo o impacto sobre o consumidor, (b) diminui o risco geral e (c) aumenta a eficiência (Bowersox et al., 2014).

1.2 Cadeia de suprimentos colaborativa

A necessidade de desenvolvimento exigiu que as empresas procurassem, dentro e fora da cadeia em que estão inseridas, elementos que pudessem acrescentar maior eficiência e conhecimento ao próprio negócio, alcançando, assim, uma vantagem competitiva sólida, além de delinear alianças estratégicas (Adão, 2014).

Conforme Chopra e Meindl (2011), a cadeia de suprimentos (*supply chain management* – SCM) equivale a todas as partes associadas, direta ou indiretamente, à concretização do pedido de um cliente, incluindo não apenas o fabricante e os fornecedores, mas também as transportadoras, os armazéns, os varejistas e até mesmo os próprios clientes.

Essa cadeia é responsável pelo planejamento, pela organização e pela otimização das atividades da empresa, pois "corresponde ao conjunto de processos requeridos para obter materiais, agregar-lhes valor de acordo com a concepção dos clientes e consumidores e disponibilizar os produtos para o lugar (onde) e para a data (quando) os clientes e consumidores os desejarem" (Bertaglia, 2003, p. 4). Dessa forma, a SCM apresenta-se como uma atividade essencial da logística na qual estão envolvidos variados custos, o que aponta para o estabelecimento de métodos de trabalho que considerem a importância dessa atividade para toda a organização.

No cenário da SCM, a logística desempenha as funções de estocagem e transporte com o propósito de adquirir benefícios referentes ao tempo, ao local e à propriedade pelo menor custo total. Assim, para que uma cadeia de suprimentos retire o máximo de benefício estratégico da logística, toda a gama de trabalho funcional deve estar integrada (Bowersox et al., 2014).

A gestão da cadeia de suprimentos consiste na ampliação do gerenciamento logístico interno para toda a cadeia externa de abastecimento, descreve Christopher (2002). A SCM é composta por práticas e iniciativas logísticas que fazem parte das empresas, beneficiam o fluxo de informações no decorrer da cadeia e indicam um modelo de gestão de fornecedores em uma abordagem colaborativa. É o conjunto das práticas gerenciais empregadas pelos componentes da cadeia que constitui a chamada *gestão da cadeia de suprimentos* (ou, simplesmente, SCM) (Rodrigues; Sellitto, 2008).

SCM corresponde a uma **função integradora** que reúne as principais atividades de negócios e processos de uma empresa, bem como sua relação com demais empresas, em um modelo de negócio abrangente e de alta *performance* (Grant, 2013). Essa integração entre todos os atores envolvidos na cadeia de suprimentos (Figura 1.1) é um diferencial para toda a organização.

Figura 1.1 – Cadeia de suprimentos

Borges (2011) explica que a SCM busca aprimorar o desempenho por meio do emprego eficaz de recursos e capacidades, mediante o desenvolvimento de vínculos internos e externos com o objetivo de originar uma cadeia de suprimentos corretamente coordenados. O propósito essencial da SCM é organizar esforços entre funções de diversas empresas que colaboram para alcançar propósitos comuns (Rodrigues; Sellitto, 2008). Muitos problemas na cadeia de suprimento foram solucionados mediante o compartilhamento de informações por toda sua extensão. Esse compartilhamento, conforme definem Turban e Volonino (2013), é comumente chamado de *cadeia de suprimentos colaborativa*.

Uma cadeia de suprimentos com funcionamento comprometido pode acarretar custos superiores e desvantagem competitiva. Assim, o gerenciamento dessa cadeia depende da colaboração de todos os envolvidos, não sendo satisfatório apenas a integração interna da empresa para assegurar seu sucesso no mercado.

Exercício resolvido

A respeito da SCM, analise as afirmativas a seguir.

I. A SCM corresponde a um conjunto de empresas que compram produtos ou serviços de uma organização.
II. A SCM é gerida pelo setor de finanças da empresa.
III. A SCM não se limita a uma única empresa e suas diretrizes.

Assinale a alternativa correta:
a. Apenas a afirmativa I é verdadeira.
b. Apenas a afirmativa II é verdadeira.
c. As afirmativas II e III são verdadeiras.
d. Apenas a afirmativa III é verdadeira.
e. Todas as afirmativas são verdadeiras.

Resposta: (d). Entre as afirmativas, somente a III é verdadeira, pois a SCM é uma abordagem estratégica de logística que utiliza a tecnologia e a comunicação para integrar o ambiente interno e externo a fim de, com isso, otimizar processos e agregar valor, tendo como principais objetivos a redução dos custos, a adição de valores e a geração de vantagem estratégica. A SCM é gerida pelo setor de logística.

As empresas comprometidas com os processos atinentes à cadeia de suprimentos devem trabalhar unidas no planejamento, na implementação e no acompanhamento das funções que fazem parte das atividades comuns entre as organizações (Vivaldini; Souza; Pires, 2008).

O aperfeiçoamento dos processos relativos à cadeia de suprimentos requer, segundo Chopra e Meindl (2003), que sejam tomadas algumas medidas de auxílio às atividades, como:

- **Alinhar objetivos e incentivos**: os objetivos de todos os participantes da cadeia de suprimentos devem estar ordenados aos propósitos gerais da organização, assim como os incentivos oferecidos aos recursos humanos de cada um dos elos da cadeia.
- **Melhorar a precisão das informações**: as informações devem estar à disposição de todos os participantes, ser homogêneas e acertadas, voltando-se, sobretudo, ao aperfeiçoamento da coordenação da cadeia.
- **Melhorar o desempenho organizacional**: o desempenho pode ser aperfeiçoado por meio da diminuição do tempo de ciclo de ressuprimento e dos tamanhos dos lotes, quando se compartilham informações com os demais elos da cadeia; em casos de escassez de produtos, implementam-se esquemas de relacionamentos apropriados para diminuir o efeito chicote.

- **Planejar estratégias de preços para estabilizar os pedidos:** uma alternativa para diminuir o efeito chicote é planejar estratégias de preços que incentivem os demais elos da cadeia a realizar pedidos de lotes menores e a diminuir compras realizadas previamente.
- **Criar parcerias estratégicas e confiança:** as parcerias estratégicas atuam para diminuir o efeito chicote, assim como o custo das transações entre os elos da cadeia. Por meio de medidas apoiadas nos relacionamentos, são constituídas culturas de cooperação e de confiança no decorrer da cadeia de suprimentos.

O que é?

O **efeito chicote** acontece quando, após um cliente efetuar um grande pedido, é gerada uma imagem de aumento da demanda. Com isso, acaba-se aumentando a produção com o respectivo armazenamento desse estoque. Logo em seguida, porém, a demanda cai, e é necessário mover capital para pagar todas as despesas, fazendo com que esse estoque seja vendido a um preço bem inferior. Sem estoque, mais pedidos são efetuados, demonstrando, assim, a repetição de um ciclo.

Martins (2019) esclarece que o alicerce de uma rede colaborativa é o **compartilhamento de informações**, uma vez que influencia tanto o desenvolvimento quanto a conservação das relações da rede de suprimentos, despontando-se nas negociações e nas rotinas dos membros envolvidos. Nesse sentido, a colaboração surge como uma tentativa de diminuir as alterações nos fluxos de informação, motivada pela necessidade de antecipação do mercado e pela melhoria no desempenho operacional de toda a cadeia (Muniz; Cruz, 2016). Conforme defendem Turban e Volonino (2013), a colaboração pode elevar a margem de lucro para os parceiros da cadeia, evidenciando uma melhoria expressiva nos negócios, mas é preciso confiança no compartilhamento de seus sistemas de informação. Portanto, parceiros comprometidos com o negócio, que tenham responsabilidade e foco em suas atividades, bem como sistemas de informação munidos das ferramentas eficazes, são o ponto-chave no processo da cadeia de suprimentos colaborativa.

Tão somente a existência de parcerias e o desenvolvimento de cadeias de suprimentos não são o bastante para alcançar maior retorno para todos os envolvidos. A integração da cadeia de suprimentos presume um mínimo de compartilhamento de informação entre as empresas e, quanto mais integrada for a cadeia, maior será a dimensão do todo. Desse modo, a cadeia de suprimentos necessita não apenas da união de um número de informações, mas também de esforços coordenados em atividades e processos, além do preenchimento de certas habilidades e competências entre seus participantes (Miranda, 2019).

> Dado que uma empresa não possua todas as capacitações e recursos para alcançar um ótimo sistêmico, podem ser necessárias colaborações além-fronteiras, tais como parcerias e alianças que supram habilidades e competências complementares. Graças à colaboração, as organizações tornam-se sistemas mais abertos, com fronteiras menores e mais permeáveis e, em alguns casos, difíceis até de identificar. Muitas vezes, empresa e ambiente confundem-se, misturando fornecedores e clientes em ciclos fechados: uma organização pode ser, ao mesmo tempo, cliente e fornecedora de uma empresa focal, dificultando discernir entre cooperação e competição. (Rodrigues; Sellitto, 2008, p. 98)

A cadeia de suprimentos colaborativa, segundo Turban e Volonino (2013), pode apresentar vários formatos diferentes e seus princípios, com o tempo, tornaram-se mais abrangentes, denominando-se: **planejamento**, **previsão** e **reabastecimento colaborativo** (conceitos que surgem do inglês *collaborative planning, forecasting and replenishment* – CPFR).

O CPFR é um conjunto de processos empresariais orientado por dados e que tem como intuito aperfeiçoar a capacidade de previsão e coordenação entre os parceiros da cadeia de suprimentos. Sua finalidade é auxiliar as empresas na administração, dividindo informações de forma conjunta, a fim de equilibrar o relacionamento mediante controle de estoque (Vivaldini; Souza; Pires, 2008). Por meio do CPFR, varejistas e fornecedores cooperam com o planejamento e a previsão de demanda, tendo como finalidade assegurar, aos membros da cadeia de suprimentos, a quantidade correta de matérias-primas e produtos acabados. O CPFR acelera o fluxo de produtos desde a fabricação até seu destino, a casa do cliente, e é formado por quatro atividades principais de colaboração, conforme demonstra a Figura 1.2.

Figura 1.2 – Principais atividades do CPFR

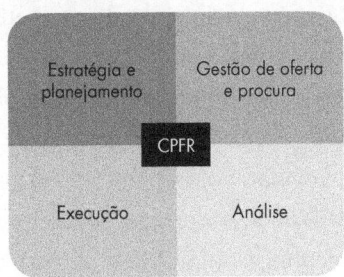

Vejamos, a seguir, cada uma das atividades do CPFR.

- **Estratégia e planejamento**: determinar as regras fundamentais que balizam a relação de colaboração, bem como discriminar o conjunto de produtos.
- **Gestão de oferta e procura**: antever a demanda do consumidor e das condições de encomenda e entrega no decorrer do planejamento.
- **Execução**: desempenhar atividades como encomendas, transporte, entrega, recebimento, controle de transações de vendas e pagamentos.
- **Análise**: conduzir os resultados de planejamento e execução, avaliando os efeitos e as métricas essenciais de atuação, para, posteriormente, compartilhar esse conhecimento com os parceiros e acertar os planos a fim de aperfeiçoar futuros resultados.

Em uma cadeia logística, trata-se, portanto, de uma atividade de planejamento conjunto entre parceiros, na qual todos eles trabalham com previsões comuns, além de requisitos predeterminados e ajustados para uma comunicação conjunta e reposição de estoques (Razzolini Filho, 2012). Desse modo, a colaboração compreende o delineamento de negócios, a previsão de vendas e qualquer outra operação que seja necessária para reabastecer as matérias-primas e as mercadorias acabadas (Grant, 2013).

Uma cadeia de suprimentos e seus integrantes são estabelecidos mediante as escolhas da empresa-foco, o que não significa que ela seja a maior ou melhor empresa da cadeia. Os fatores imprescindíveis na escolha da empresa-foco são o segmento e o produto, em que as ações gerenciais e o trabalho colaborativo entre fornecedores e clientes é integrado e realizado com o propósito de adquirir os melhores resultados para todos os envolvidos.

Desse modo, fornecedores e clientes são tidos como parceiros, isto é, fazem parte de uma estratégia conjunta, podendo competir com outras cadeias.

As empresas participantes de uma cadeia de suprimentos desempenham papéis característicos e compartilham propósitos estratégicos. Para Bowersox et al. (2014), compartilhar informações e planejar em conjunto são ações que podem diminuir o risco referente à manutenção de estoque. Ao verificar a qualidade, indicar e delegar poderes a um membro exclusivo da cadeia de suprimentos para que ele se responsabilize de forma total, a SCM pode ajudar a extinguir o trabalho duplicado ou desnecessário.

Para saber mais

Recomendamos a leitura do artigo a seguir que demonstra os principais métodos colaborativos empregados no gerenciamento da cadeia de suprimentos, identificando suas características, vantagens e desvantagens, bem como sua forma de utilização e as dificuldades de implantação dos procedimentos.

SILVA, J. S. B. da. Métodos e práticas colaborativas na cadeia de suprimentos: revisão de literatura. **Navus – Revista de Gestão e Tecnologia**, v. 9, n. 2, 2019. Disponível em: <http://navus.sc.senac.br/index.php/navus/article/view/863>. Acesso em: 5 jun. 2021.

A gestão dos processos eleva a competitividade no mercado porque, segundo Miranda (2019), as empresas participantes aperfeiçoam suas atividades e trabalham conjuntamente em busca do mesmo propósito. Bowersox et al. (2014), por seu turno, explicam que a ampliação empresarial se fundamenta em dois paradigmas: o compartilhamento de informações e a especialização de processos.

O **compartilhamento de informações** é baseado no seguinte ponto de vista: atingir um alto grau de comportamento cooperativo requer que os participantes da cadeia de suprimentos compartilhem, de forma voluntária, informações operacionais e elaborem estratégias em conjunto. O propósito da colaboração entre empresas deve compreender, além dos dados de vendas, planos de promoção, lançamento de novos produtos e operações cotidianas. Já a **especialização de processos** corresponde ao agrupamento de arranjos colaborativos no planejamento de operações conjuntas, a fim de extinguir a repetição improdutiva ou sem valor agregado entre as empresas que participam da cadeia de suprimentos (Bowersox et al., 2014).

Martins (2019) menciona que a colaboração também acontece no chamado *nível horizontal*, entre governos ou entidades de governança, como é o caso do Serviço Brasileiro de Apoio às Micro e Pequenas Empresas (Sebrae), em treinamentos, projetos de interesse setorial e desenvolvimento de plataformas de apoio. A colaboração horizontal também pode ocorrer entre empresas do mesmo setor produtivo e que disponham dos mesmos interesses.

Estabelecer e conservar relacionamentos de forma recíproca e favorável com clientes, fornecedores e outros parceiros são elementos cada vez mais importantes da gestão logística e da SCM em um cenário interconectado e global. Segundo Grant (2013), a distribuição colaborativa horizontal vem se transformando em uma prática comum entre os varejistas. Por exemplo, a empresa Alfa e a Beta vendem, ambas, material de construção. Visando a melhorias, utilizam a logística colaborativa, compartilhando transporte e, possivelmente, armazenagem.

O interesse das empresas em desenvolver cadeias de suprimentos tem exercitado um entendimento mais profundo sobre a colaboração, que aponta para um relacionamento de longo prazo e um padrão de gestão que favoreça a integração horizontal, as parcerias, em substituição à vertical, que separa fornecedores, produtores, distribuidores e consumidores do bem final, criando relações competitivas e não colaborativas (Pires, 2004). "Nas relações de parceria, o comprador e o fornecedor trabalham em conjunto, como se fizessem parte da mesma empresa, predominando a cooperação e o compartilhamento de informações e de objetivos" (Rodrigues; Sellitto, 2008, p. 99).

A **colaboração horizontal** pode acontecer também entre concorrentes, quando eles compartilham recursos e têm o mesmo interesse, a exemplo de empresas aéreas em projetos conjuntos para o desenvolvimento do biocombustível para aviação ou de empresas que compartilham recursos financeiros para treinamento de pessoal ou participação em feiras de tecnologia (Martins, 2019). Ainda, empresas que trabalham para os mesmos clientes ou na mesma localização geográfica podem beneficiar-se igualmente da colaboração horizontal, pois, em vez de uma concorrência demarcada, haveria entre elas uma integração, por meio da qual buscariam, juntas, diferenciais que as mantivessem ativas no mercado competitivo, diminuindo custos e elevando a satisfação dos clientes, o que traria benefícios a ambas, uma vez que a colaboração alcança vantagens que, individualmente, não seria possível obter.

Todavia, é preciso ponderar que não existe um padrão ou uma bússola para que seja efetivada a gestão da cadeia de suprimentos, bem como nenhuma ação ou prática manifesta-se como uma receita para o sucesso. É possível encontrar estratégias que foram implementadas e que alcançaram efeitos positivos, e até mesmo admiráveis, contudo, o sucesso está atrelado à escolha de parceiros e à comunicação, bem como à atuação de todos os envolvidos na cadeia colaborativa.

Buller (2012) lembra um método muito empregado no ambiente empresarial para análise e efetivação de práticas bem-sucedidas: o **benchmarking**, definido como a busca constante por melhores práticas dentro ou fora da organização. Trata-se da análise de processos realizados pelos concorrentes para que, por meio dessa observação, haja aprendizado, mas, como se vê, não se limita a imitar o concorrente, mas sim aprender novas práticas com ele.

1.3 *Customer relationship management* colaborativo

Um dos pontos principais para o sucesso de uma organização é seu relacionamento com o cliente, e esse elemento, para ser satisfatório, depende do uso de ferramentas adequadas e ajustadas aos propósitos da empresa.

O **gerenciamento do relacionamento** (do termo em inglês *customer relationship management* – CRM) é um agrupamento de estratégias, métodos, transformações organizacionais e procedimentos pelos quais a empresa deseja dirigir melhor seu próprio negócio em relação ao comportamento do cliente.

Zenone (2019) esclarece que a finalidade do CRM é aprimorar o relacionamento entre a empresa e o mercado-alvo, entregando benefícios recíprocos, de modo que o mercado tenha suas necessidades satisfeitas e a empresa conquiste os resultados almejados.

O principal objetivo do CRM é o foco na busca da satisfação do cliente. A automatização de processos e personalização do atendimento faz com que o cliente perceba valores na sua empresa. Se a empresa pode atender melhor e mais rápido um cliente, sabendo o que ele precisa e quando precisa, a informação é utilizada para satisfazer o cliente, seja no menor tempo de espera, diminuição do tempo de entrega do pedido até o recebimento da mercadoria ou ainda na escolha do canal de atendimento, levando assim a retenção do cliente. Sendo assim, o cliente fica muito mais satisfeito, percebe a economia de tempo e vantagens para ele, realizando mais negócios e recomendando a outros possíveis futuros clientes. (Fernandes et al., 2015)

Existem três tipos de CRM: (1) **analítico**, (2) **operacional** e (3) **colaborativo**. Nesse momento, interessa-nos o **CRM colaborativo**, que reproduz a forma pela qual a organização relaciona sua carteira de clientes com seus métodos de negócio, criando e sustentando o relacionamento entre ambos. Nesse aspecto, o uso de tecnologias avançadas, por meio de diversos canais de comunicação entre a empresa e seus clientes, compõe o conteúdo desse tipo de CRM (Gil; Biancolino; Borges, 2012).

Côrtes (2012) descreve que uma parte expressiva do processamento do CRM colaborativo é realizado de forma automatizada, via *triggers* ("gatilhos") disponíveis no banco de dados. Por exemplo, quando uma mercadoria enviada para a assistência técnica está pronta, e depois de ser processada uma baixa na ordem de serviço, o cliente é avisado automaticamente por *e-mail* ou SMS. Cabe mencionar que não existe impedimento algum de que o banco de dados empregado seja o mesmo de outros tipos de CRM, considerando-se que a utilização de *triggers* e *stored procedures* ("procedimentos armazenados"), quando bem delineada, pode ser efetivada sem sobrecarregar expressivamente a atuação do banco de dados. Uma possibilidade é que a comunicação não imediata seja realizada em grupos, com horários predefinidos, por exemplo, quando os acessos aos bancos diminuem.

O que é?

Triggers são "gatilhos" que disparam, sempre que o evento associado ocorrer, por meio de procedimentos de inclusão, eliminação e atualização de dados. Já o ***stored procedures*** corresponde a um agrupamento de comandos que podem ser desempenhados de uma só vez e que guardam tarefas repetitivas, aceitando métodos de entrada para que a tarefa seja realizada conforme a precisão particular.

Assim, o CRM colaborativo (Figura 1.3) possibilita a gestão dos diferentes canais de interação com os clientes – internet, *e-mail*, canais de vendas, mala direta, operações de *telemarketing*, *call center*, propaganda, *fax*, SMS, lojas físicas ou quiosques controlados por sistemas – de maneira que a máxima atenção esteja localizada na gestão dos canais dinâmicos de integração com o consumidor (Gil; Biancolino; Borges, 2012).

Figura 1.3 – CRM colaborativo

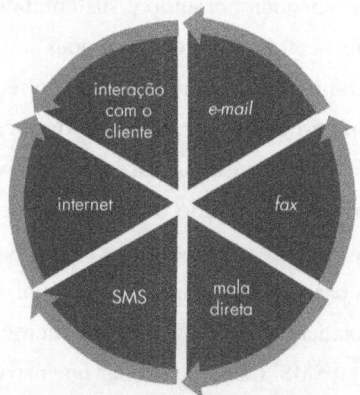

Fonte: Elaborado com base em Gil; Biancolino; Borges, 2012.

Para tanto, os diversos canais de comunicação devem estar habilitados de modo a possibilitar a integração e, principalmente, assegurar o fluxo apropriado dos dados decorrentes dessa interação para os outros campos da organização.

Um importante ponto a ser observado refere-se à escolha e ao dimensionamento do banco de dados, pois o sucesso do CRM depende desses fatores.

Assim, sempre que possível, é necessário analisar as soluções de CRM, empregando um volume de informações compatível com as circunstâncias reais a serem verificadas. Isso permite que seja efetuada uma escolha apropriada ou fornece parâmetros para os ajustes necessários (Côrtes, 2012).

Gil, Biancolino e Borges (2012) citam alguns exemplos de sistemas empregados pelas empresas em CRM colaborativo:

- **Sistemas para gestão de contatos**: acompanhamento dos contatos dos clientes por meio de telefonemas, *e-mail*, *web*, contatos diretos, registro de pontos de venda e demais canais.
- **Sistemas de *workflow***: acompanhamento do direcionamento e das devidas providências realizadas por diversas áreas da empresa a partir de contatos recebidos pelo *call center*.
- **Sistema de resolução lógica**: acompanhamento da resolução de problemas existentes no relacionamento com os clientes, vinculando informações padrão de perguntas de acordo com as respostas dos consumidores.
- **Sistema de reconhecimento de voz**: interpretação da fala do cliente a partir de chamadas telefônicas, modificando-a em instruções para o sistema, o qual passa a atuar com base nessas informações.
- **Sistemas de gestão do conhecimento** – Acesso a diversas áreas da empresa, às informações específicas de cada contato efetuado com os consumidores, de modo a reconhecer oportunidades de melhorias nos processos e serviços oferecidos aos clientes.

Exercício resolvido

Diversos tipos de sistemas podem ser empregados pelas empresas em regime de CRM colaborativo. Tendo isso em vista, analise o caso a seguir.

A empresa Alfa percebeu que muitos de seus clientes ligavam para solicitar informações do mesmo assunto: envio da mercadoria e rastreamento. Fundamentado nessa análise, o gestor percebeu que os funcionários perdiam muito tempo ao telefone, por isso, decidiu criar um sistema para auxiliar os clientes. Esse sistema tem como finalidade resolver problemas relativos ao rastreio e à entrega de mercadoria por meio de um conjunto de perguntas feitas ao consumidor.

Assinale a alternativa que indica o tipo de sistema em CRM colaborativo empregado pela empresa Alfa.

- a. Sistemas para gestão de contatos, a fim de solucionar a demora ao telefone e resolver de forma mais fácil e ágil os problemas apontados pelos clientes.
- b. Sistema de resolução lógica, a fim de resolver problemas concernentes ao relacionamento com os clientes, vinculando informações por meio de perguntas-padrão e respostas fornecidas pelo consumidor.
- c. Sistema de reconhecimento de voz, a fim de que, por meio da voz do cliente, seja possível reconhecer suas necessidades.
- d. Sistemas de gestão do conhecimento, a fim de que os funcionários, aplicando conhecimento técnico mais específico, regulem o tempo de contato com os clientes.
- e. Sistema de resolução lógica e sistema de gestão do conhecimento, integrados.

Resposta: (b). Como trata-se de um problema simples, a empresa Alfa elaborou um sistema de resolução lógica, visando ao acompanhamento da resolução de problemas existentes no relacionamento com os clientes, vinculando informações-padrão de perguntas de acordo com respostas fornecidas pelos consumidores.

Para que o CRM seja empregado de forma adequada, é recomendável adotar sistemas bem ajustados ao porte e às atividades da empresa, que apresente, portanto, uma infraestrutura suficiente de atendimento e que seja rápido e eficaz. Além disso, faz-se necessário criar protocolos de atendimento com a finalidade de padronizar o equacionamento de problemas e definir metas de qualidade a serem alcançadas, bem como garantir um treinamento adequado e estabelecer estratégias de relacionamento de forma clara, de modo que os recursos do CRM sejam usados da melhor maneira possível.

1.4 Compras colaborativas

Toda empresa, independentemente de seu ramo, necessita de materiais, serviços e suprimentos para ampliar suas atividades e aprimorar sua cadeia de suprimentos. Antes, o departamento de compras entendia essas atividades como uma tarefa dos colaboradores, muito idêntico ao que ocorria com a logística, em uma lógica puramente reativa. Assim, o papel dos colaboradores de compras se resumia apenas em garantir, de seus fornecedores, os recursos almejados e pelo menor preço possível, o que contribuía para que o vínculo entre empresa e fornecedores fosse, muitas vezes, atravessado por desentendimentos, em que ambos tinham como principal propósito sempre obter vantagem (Fernandes, 2008). Atualmente, ainda existem empresas que tratam o setor de compras dessa forma, sobretudo as mais tradicionais. No entanto, mudanças relevantes são percebidas em organizações que decidiram adotar métodos mais atualizados, prezando por manter constantes a qualidade e a inovação.

Diante das inovações ocorridas, o departamento de compras constitui a estratégia da empresa, em que o principal objetivo é, com base nos gastos totais e no desenvolvimento de relacionamentos colaborativos entre empresas e fornecedores, aperfeiçoar o processo como um todo. Dessa forma, as ações de compras são ampliadas, pois passa de atividade reativa para atividade estratégica (Fernandes, 2008). As empresas devem estar cientes da relevância do fortalecimento de suas relações com os fornecedores a fim de alcançar resultados mais satisfatórios.

Fernandes (2008) defende que o departamento de compras é um centro importante, visto que, por meio de um abastecimento qualitativo, são obtidos vários benefícios, como: diminuição dos estoques; desenvolvimento de um relacionamento colaborativo com fornecedores; aperfeiçoamento de qualidade em todas as etapas; e, não menos importante, garantia de um menor custo possível para atender tanto empresa quanto cliente. Nesse sentido, quando as compras são realizadas de forma colaborativa, essas vantagens se refletem na escolha do melhor produto para satisfazer a necessidade do cliente com o menor custo possível.

Estoque parado, muitas vezes, é sinônimo de despesas, e nenhuma organização sobrevive com despesas desnecessárias, reside aí a importância de uma boa análise do setor de compras. A minimização de estoques pelo departamento de compras é fundamental para manter estoques indispensáveis ao bom funcionamento das operações, contudo, isso indica uma necessidade constante de comparação entre os custos de conservação de materiais e a possibilidade de interrupção na produção. Essa perspectiva pode ser demonstrada com atividades produzidas pelo departamento de compras com iniciativas como enxugamento do processo de cotação, otimização do fluxo logístico, comprometimento das encomendas feitas aos fornecedores e informação antecipada aos fornecedores sobre previsões das necessidades de bens e serviços (Fernandes, 2008).

Bowersox et al. (2014) explicam que várias ações colaborativas são agrupadas somente no reabastecimento de estoque, e esses programas de reabastecimento são organizados para estimular o fluxo de produtos no decorrer da cadeia de suprimentos. Existem diferentes técnicas específicas para o reabastecimento colaborativo, sendo todas elas sustentadas nos relacionamentos da cadeia de suprimentos para reabastecer em passo acelerado o estoque apoiado no planejamento conjunto ou na experiência real de vendas. O objetivo é diminuir a dependência das previsões e adotar decisões de quando e onde será preciso colocar o estoque conforme a demanda (*just-in-time*). É preciso ponderar, entretanto, que programas de reabastecimento colaborativo eficazes requerem alto grau de cooperação e compartilhamento de informação entre os parceiros da cadeia de suprimentos. As técnicas específicas de reabastecimento colaborativo de estoques compreendem uma resposta rápida, um estoque gerenciado pelos fornecedores e um reabastecimento por perfis.

A **resposta rápida** (*quick response* – QR) é um esforço cooperativo entre varejistas e fornecedores, estimulado pela tecnologia, com o objetivo de ampliar a velocidade de estoque, assegurando, simultaneamente, o suprimento de produtos segundo os padrões de compra do consumidor. O **estoque gerenciado pelo fornecedor** (*vendor managed inventory* – VMI) tem como objetivo determinar uma combinação de cadeias de suprimento tão flexível e eficiente que o estoque do varejo seja ininterruptamente reabastecido. Já o **reabastecimento por perfis** oferece aos fornecedores o direito de prever carências futuras conforme seu conhecimento geral de uma categoria de produtos (Bowersox et al., 2014).

Assim, vários aspectos precisam ser considerados para que seja possível determinar o melhor método a ser adotado, mas é certo que os parceiros devem trabalhar em conjunto na busca por soluções mais eficazes para suas empresas.

1.5 Planejamento estratégico colaborativo

O planejamento estratégico de uma organização está associado ao processo de desenvolver e elaborar estratégias e administrar a empresa conforme as decisões e os objetivos de médio e longo prazos. Por sua vez, tais objetivos orientam as estratégias, pois organizações que seguem um planejamento estratégico estão preocupadas com o futuro e procuram, visivelmente, determinar onde querem chegar em determinado período (Bertaglia, 2016).

Segundo Robles (2016), o **planejamento estratégico** permite um levantamento de informações relativas às estratégias logísticas na procura pela melhoria da produção e da capacitação gerencial a fim de levantar e utilizar as oportunidades de mercado por meio do aperfeiçoamento da capacidade de resposta aos clientes. Por sua vez, as **decisões estratégicas** compreendem, especialmente, as políticas corporativas da empresa ou das empresas participantes, uma vez que o conceito de cadeia de abastecimento integrada excede os limites de determinada organização, estendendo-se a fornecedores e clientes. Já as **decisões operacionais** são relativas ao cotidiano da empesa, em que se buscam soluções para problemas habituais.

As decisões estratégicas devem, guardadas as proporções, guiar as atividades operacionais, ou seja, as decisões operacionais e estratégicas de médio e longo prazos precisam estar alinhadas (Bertaglia, 2020). A estratégia deve ser desenvolvida para direcionar os investimentos futuros, os produtos a serem comercializados, os modelos de negócios, o foco de mercado, as habilidades pessoais indispensáveis e as estratégias operacionais, servindo também para analisar os pontos fracos e fortes da organização, a situação de competitividade e o que pode e deve ser feito para aprimorar o relacionamento com clientes e o posicionamento do mercado (Bertaglia, 2020).

Fernandes (2008) esclarece que a logística precisa envolver-se com os processos de decisão estratégica da empresa, deixando de ser somente um setor que executa decisões que já foram tomadas. Dessa forma, é evidente a importância da logística para toda a organização, uma vez que também deve integrar as ações estratégicas em todos os níveis, principalmente no âmbito do planejamento estratégico colaborativo, sempre em busca de planos para o futuro dos negócios, logo, da própria organização.

Nesse sentido, o planejamento estratégico contribui com a elaboração de caminhos que orientam as ações da organização, por isso ele deve ser simples e claro, abranger a missão, os princípios, as metas e os objetivos da empresa apoiado nas premissas e variáveis internas – mais facilmente controláveis, como recursos financeiros, humanos e tecnológicos – e externas – que apresentam um menor nível de controle, como a conjuntura social e/ou política. No planejamento deve ser explicitada, ainda, uma visão realista do negócio, ou seja, os objetivos viáveis e passíveis de ser alcançados. Valores e crenças organizacionais precisam estar claros e servir de baliza para a tomada de decisão e políticas adotadas, afinal, são os valores que indicam a grandiosidade, que formam a satisfação ou a insatisfação dos funcionários, que provocam confiança e credibilidade nos clientes e fornecedores, assim como na sociedade em geral. A **missão** representa, portanto, uma dedicação genérica da organização, na qual todos se envolvem e seguem um mesmo objetivo, de médio ou longo prazo, a fim de alcançar os resultados almejados.

Bowersox et al. (2006; 2014) defendem que a gestão da cadeia de suprimentos visa fomentar o posicionamento estratégico e melhorar a eficiência operacional. Assim, para cada empresa participante, o relacionamento na cadeia de suprimentos representa uma alternativa estratégica, e uma das estratégias mais visíveis é a combinação de canais fundamentada na dependência e na colaboração. As operações da cadeia de suprimentos requerem processos gerenciais que transpassam as áreas funcionais de cada empresa e unem parceiros comerciais e clientes para além das fronteiras organizacionais. Na ausência de colaboração, cada parceiro tenta planejar, individual e coletivamente, o nível de demanda de seus clientes. Isso resulta em um estoque especulativo que pode culminar em um ciclo interminável de excesso e falta de estoque. Por isso a importância do planejamento da cadeia colaborativa.

Taylor (2005) considera que a estratégia mais influente é fazer com que os parceiros da cadeia de suprimentos cooperem com a formação de uma previsão compartilhada, agregando suas perspectivas particulares sobre o comportamento do consumidor e buscando maior confiabilidade nas previsões de vendas futuras. Os integrantes devem compreender e analisar de forma compartilhada os benefícios competitivos que a colaboração pode acrescentar à estratégia do negócio, conservando a confiança, o respeito recíproco, o aprendizado, a imagem dos parceiros e impedindo comportamentos oportunistas.

Vale ressaltar que a demanda sem regularidade, extremamente instável e dinâmica, originada a partir de fatores como promoções, poucos compradores em busca de grandes quantidades, compras sazonais ou periódicas, reflete um problema bem específico. Embora já existam algumas diretrizes que tentam lidar com a demanda incerta, a previsão colaborativa vem sendo indicada como uma abordagem aprimorada do problema, principalmente quanto ao planejamento dos processos do negócio. Essa previsão está fundamentada no argumento de que "duas cabeças pensam melhor do que uma", isto é, um número maior de participantes tende a constituir previsões mais aproximadas do que somente um (Bowersox et al., 2014).

Para Ballou (2006), a previsão colaborativa está relacionada ao desenvolvimento de previsões por meio de diversos participantes de áreas funcionais distintas de uma só empresa, como *marketing*, logística, compras, ou de integrantes de uma cadeia de suprimentos: vendedores, transportadores ou compradores. O propósito é, sobretudo, diminuir o erro de previsão, o que pode ser mais bem rastreado com a cooperação de todos os envolvidos.

A previsão colaborativa pode eliminar a repetição de esforços e reduzir, no montante da cadeia, o efeito cascata de erros, alterando, assim, a demanda. Taylor (2005) aponta que a vantagem mais expressiva está na exatidão da previsão, que resulta, como sabemos, do compartilhamento de informações sobre o comportamento do consumidor. Assim, os profissionais do *marketing* podem aproximar-se do cliente; os vendedores e compradores, por seu turno, estão mais atentos à insuficiência de suprimentos ou à redução da capacidade que restringem a demanda e influenciam os preços e os níveis da demanda; os transportadores podem antecipar os prazos de entrega fazendo com que os clientes e o nível de vendas sejam beneficiados (Ballou, 2006).

Taylor (2005) esclarece que, quando os parceiros da cadeia de suprimentos integram suas análises particulares para melhorar sua compreensão da demanda independente, conseguem antecipar as necessidades dos consumidores que mantêm a cadeia de suprimentos em operação. Juntos, os parceiros comerciais podem alcançar uma economia muito mais significativa, procurando diminuir a incerteza, no lugar de apenas aperfeiçoar a forma de combatê-la. Assim, ações como prever o fluxo de estoques e demanda correspondente, bem como manter o elo de confiança entre todos os parceiros, fazem parte do planejamento estratégico colaborativo da organização junto às organizações participantes.

Síntese

Neste capítulo, concluímos que:

- A logística colaborativa busca reduzir custos, satisfazer os clientes e proporcionar um melhor atendimento às demandas.
- Na logística da organização, a integração entre os parceiros necessita do uso de tecnologias da informação e da comunicação.
- A logística colaborativa contempla um tipo de trabalho conjunto entre os concorrentes, propondo uma quebra de paradigmas.
- A gestão da cadeia de suprimentos reúne as principais funções de negócios e processos dentro da empresa, em um modelo de alta *performance*.
- O compartilhamento de informações é o cerne da cadeia de suprimentos colaborativa.
- O gerenciamento da cadeia de suprimentos depende da colaboração de todos os seus elos, não sendo satisfatória apenas a integração interna da empresa para assegurar seu sucesso.

- O planejamento, a previsão e o reabastecimento colaborativo aperfeiçoam a capacidade de previsão e coordenação entre os parceiros da cadeia de suprimentos.
- O CRM possibilita a gestão dos diferentes canais de interação com os clientes.
- As compras colaborativas constituem a estratégia da empresa, em que o principal objetivo é aprimorar o processo como um todo.

Logística colaborativa e sua relação com transportes e fornecedores

Conteúdos do capítulo:

- Transporte colaborativo.
- Roteirização.
- *Milk Run*.
- Consórcio modular.
- Logística colaborativa entre fornecedores.

Após o estudo deste capítulo, você será capaz de:

1. discutir a importância do transporte colaborativo para a empresa;
2. analisar a roteirização;
3. compreender o *Milk Run*;
4. reconhecer o consórcio modular;
5. identificar a relação entre logística colaborativa e fornecedores.

Na busca por melhorias nos processos e diminuição de custos com as operações, as empresas recorrem cada vez mais a métodos e estratégias diversificadas. Com as operações de transporte não é diferente, especialmente, em razão de sua relevância para as atividades de toda a cadeia logística. Afinal, toda empresa precisa entregar os produtos ou os serviços que oferecem e, para isso, fazem uso de transportes, independentemente do tipo. No entanto, não se trata apenas de uma operação de entrega, pois as atividades de transporte são multifacetadas na procura pela satisfação do cliente e, ao mesmo tempo, por angariar vantagens às organizações. Assim, na busca por vantagens, muitas empresas implementam um sistema de estratégia colaborativa no transporte de cargas. Outro ponto significativo relacionado às estratégias empresariais concerne ao relacionamento com os fornecedores. A colaboração entre clientes e fornecedores traz benefícios para ambos, transformando-se em um diferencial competitivo.

capítulo 2

2.1 Transporte colaborativo

Para grande parte das empresas, o transporte é a operação mais importante de todo o seu processo, por se caracterizar como a etapa mais perceptível, além de extremamente necessária, haja vista que nenhuma empresa consegue atuar sem movimentar matérias-primas e produtos.

O transporte é encarregado pela maior parte dos custos logísticos, tanto para a organização quanto para a participação dos gastos logísticos com referência ao produto interno bruto (PIB) de um país, e ainda depende da etapa de desenvolvimento econômico da nação (Buller, 2012).

Vieira (2009) afirma que o transporte pode ser considerado uma operação provocada pelo fluxo de bens e serviços, tendo em vista a obrigação das empresas em exercer suas funções de viabilizar produtos ou serviços, portanto, trata-se de um elemento extremamente relevante na cadeia de suprimentos.

Diante da importância das atividades de transporte, a relação entre todos os envolvidos nesse processo deve ser mantida por vínculos sólidos, contínuos e de confiança mútua.

A contratação de transporte prescinde de cotações de fretes, pois o que está em jogo é o estabelecimento de uma aliança em que as partes determinam suas responsabilidades a fim de efetivar um relacionamento duradouro de prestação de serviços (Bertaglia, 2016).

De acordo com Silva, Coelho e Zago (2009), o transporte colaborativo consiste no compartilhamento ou aproveitamento de um mesmo veículo para transporte de certas cargas. Essa é uma das relações mais importantes da logística colaborativa, pois abrange desde os fornecedores até os clientes, em uma dinâmica em que todos se empenham na busca por um mesmo propósito. O uso do transporte colaborativo visa eliminar as ineficiências de planejamento e efetivação do transporte.

O conceito de logística colaborativa no transporte de cargas guarda relação com o compartilhamento de lugares desocupados de frotas privadas, em qualquer momento do transporte de cargas. Tal concepção permite diminuir custos, elevar a produtividade e promover sinais de ecoeficiência. Para isso, as empresas precisam amparar-se em um planejamento estratégico e em *softwares* que desenvolvam uma colaboração horizontal entre diversas empresas (Silva; Vietro, 2019).

Para Corrêa (2020), a rede logística colaborativa, coordenada por uma equipe gestora, é constituída por embarcadores e transportadores que utilizam a tecnologia disponível para se comunicarem, em que todos trabalham em prol da melhoria do desempenho e da lucratividade.

Exemplo prático

Duas grandes editoras de jornais e revistas são concorrentes e distribuem seus produtos de forma separada. Assim, a empresa X normalmente agenda a entrega para o primeiro horário, a empresa Y, para o segundo, considerando que ambas atendem os mesmos clientes. Decidiram, pois, adotar o transporte colaborativo, isto é, as empresas se uniram para efetuar a distribuição, passando a trabalhar com o mesmo operador logístico. Essa modificação diminuiu o gasto com frete, visto o número de veículos aplicados na operação e que passaram a ser preenchidos de forma total, realizando, portanto, menos entregas por dia. Ainda que concorrentes, as empresas tornaram-se parceiras nessa fase do processo, compartilhando as vantagens adquiridas com essa atividade (Buller, 2012).

O transporte colaborativo objetiva otimizar os processos operacionais, suprimindo as inaptidões com planejamento e transporte efetivo. Para tanto, é preciso que os parceiros da cadeia de suprimentos e prestadores de serviços logísticos disponham de harmonia, ajustando cargas de retorno e compondo ciclos de alta produtividade. Um dos principais empecilhos encontrados para a implantação de estratégias referentes ao transporte colaborativo está em descobrir parceiros, pois o sucesso depende de um esforço coletivo.

De acordo com Silva e Vietro (2019), o Voluntary Interinduslry Commerce Standards (VICS), entidade estadunidense formada por representantes de diversas empresas e fundada para agenciar a colaboração entre empresas por meio de aperfeiçoamento de processos e fluxos de informação, define *gerenciamento colaborativo no transporte* da seguinte maneira: processo essencial que, além de promover união entre as partes de várias cadeias de suprimentos a fim de anular a ineficiência nos transportes, oferece, mediante colaboração, melhorias de desempenho. Alguns dos benefícios que uma boa gestão colaborativa pode gerar são a redução do aumento de carga usada e do custo de transporte. Desse modo, o transporte colaborativo acrescenta valor ao trabalhar as ineficiências existentes na maioria dos processos de transporte.

Atualmente, as empresas realizam algumas ações com o intuito de promover o transporte colaborativo, como o **serviço de consolidação de carga**. Miranda (2019) explica que a consolidação de fretes (Figura 2.1) ocorre quando (a) mais de uma empresa faz entregas em uma mesma região e/ou (b) há mais de uma entrega a ser efetuada no mesmo local; em qualquer um dos casos, a carga é transportada conjuntamente.

Figura 2.1 – Consolidação de fretes

```
[Mais de uma em-          [Um empresa com
 presa com apenas          mais de uma
 uma entrega]              entrega]
              ↘         ↙
            ( Mesma
              região )
```

A consolidação oferece vantagens tanto para a transportadora, que faz a viagem aproveitando maior capacidade de carga do modal de transporte, quanto para o proprietário da carga, que arca com um custo menor de frete, pois, quanto maior o volume de carga, menor o valor do frete por unidade (Miranda, 2019).

Miranda (2019) elenca os benefícios do serviço de consolidação, quais sejam:

- menor custo com entregas;
- tempo de entrega inferior em relação à entrega individual de todas as mercadorias;
- redução de gasto com combustível e, por conseguinte, diminuição de emissão de poluentes;
- maior segurança, visto que o despacho em pequenas quantidades e de forma individual pode facilitar a perda ou o roubo;
- diminuição do número de recebimentos avulsos de uma empresa, pois os múltiplos fornecedores podem consolidar suas cargas e entregá-las todas de uma vez.

Há dois tipos de consolidação: *on-site* ou *off-site*. Na **on-site**, a consolidação de cargas acontece no lugar de origem dos produtos, podendo ser na fábrica ou no centro de distribuição, sendo mais utilizada por fabricantes que almejam controlar melhor o espaço e o tempo disponíveis para consolidar a carga (Miranda, 2019). Já a consolidação *off-site* consiste em um método de recebimento de todos os produtos, advindos, normalmente, de lugares diferentes e sem organização lógica, e que devem ser organizados e transportados aos clientes de forma consolidada. Essa opção é utilizada por fabricantes que tenham uma menor visibilidade de quais ordens podem despontar em um futuro próximo, sendo flexíveis com datas e tempos de entrega (Miranda, 2019).

A maioria das lojas de varejo, por exemplo, dispõem de estoques pequenos. Por isso, emitem ordens menores e com uma frequência maior, o que significa uma menor quantidade de produtos para preencher o caminhão. Nesse sentido, a consolidação de carga com outras empresas torna-se fundamental a fim de reduzir os custos de toda a cadeia de suprimentos.

Outro método muito utilizado pelas empresas é o **frete de retorno**, que corresponde a um meio de se conseguir uma carga para que o caminhão não retorne vazio depois da entrega. Para tanto, as empresas compartilham suas rotas, o que também diminui o custo com transporte. Parcerias confiáveis são fundamentais no emprego desse método, pois é por meio da colaboração entre os envolvidos que se consegue ajustar o melhor tempo e lugar para todos.

2.2 Roteirização

No campo da logística, o processo de entrega dos produtos ao cliente perpassa por vários pontos que têm como objetivo comum otimizar os serviços prestados analisando os custos envolvidos e a satisfação dos clientes. Um desses fatores corresponde ao **planejamento da rota percorrida**, ou seja, da **roteirização**.

De acordo com Damian (2018), a roteirização baseia-se em um processo que visa estabelecer um ou mais roteiros de paradas, com o propósito de percorrer certos pontos geograficamente delimitados, em lugares preestabelecidos e que precisam de atendimento. O planejamento da rota equivale a um exame rigoroso da viabilidade do transporte por meio do mapeamento do percurso e da investigação das condições e das limitações dos órgãos responsáveis, bem como da legislação e das condições de movimentação da carga em excesso (Goulart; Campos, 2018).

> *Roteirização se refere a uma atividade de programação e ordenamento de entregas, em geral realizados através de um software específico. Além disso, classifica-se como o processo de colocar certo veículo em um circuito de viagem, composto por*

vários pontos de coleta ou entrega de cargas. Desta maneira, a oferta do veículo é compartilhada por um conjunto de demandas isoladas, que se tivessem que ser atendidas isoladamente, por meio de rotas diretas, gerariam ociosidade nos veículos ou baixa frequência de atendimento nos postos de demanda. (Branco; Gigioli, 2014, p. 66)

Dessa forma, *roteirização* é a análise de roteiros e paradas dos veículos durante a entrega de mercadorias, associando-se vários aspectos que devem ser observados no percurso, como a conservação de custos operacionais baixos e a satisfação das necessidades dos clientes. De uma perspectiva administrativa, o setor de transportes é responsável por assegurar que a roteirização seja realizada de forma eficiente, suprindo, ao mesmo tempo, as premissas fundamentais de serviço ao consumidor (Bowersox et al., 2014).

A roteirização auxilia a logística colaborativa, uma vez que clientes que estejam na mesma rota são atendidos dentro do mesmo período, assim, cabe aos colaboradores a utilização da capacidade total dos veículos disponíveis, o que significa não somente uma fonte de redução de custo de transporte, mas também eficiência na entrega, diminuindo a distância total percorrida.

Goulart e Campos (2018) explicam que a análise completa da roteirização precisa considerar os seguintes aspectos:

- distância atravessada pelo transporte;
- tipo de rodovia a ser usada (se é mão dupla ou mão única, por exemplo);
- estado da rodovia (limitações físicas, se há pedágios, viadutos, pontes etc.);
- limitações operacionais (se existem, por exemplo, pontes com limitação de peso, obras em execução);
- órgãos com jurisdição sobre a via (legislação específica, como nos casos de quantidade de peso permitido);
- modelo de operação da rodovia (se atua por concessionária ou delegatária);
- taxas e tarifas;
- postos policiais.

O uso mais trivial da roteirização está ligado aos serviços de transporte de cargas, que compreendem atividades de coleta e entrega, como entrega domiciliar de mercadorias, distribuição de produtos ao varejo, transporte de valores etc. (Damian, 2018).

Caso haja algum problema de roteirização, ele pode ser averiguado por meio da análise de três aspectos: (1) decisões em relação aos clientes, (2) objetivos e (3) restrições. As **decisões** estão associadas com a designação de clientes a ser atendidos ou visitados, de acordo com os recursos materiais e humanos (veículos e motoristas), a programação prévia e o encadeamento de visitas. O principal **objetivo** do serviço de roteirização é entregar um alto nível (de serviço ou produto) aos clientes, conservando os custos operacionais e de capital reduzidos. Para tanto, deve observar algumas **restrições**, como: finalização da rota com os recursos disponíveis, considerando as necessidades do cliente; limites definidos para a jornada de trabalho dos motoristas e ajudantes; limitações de velocidade máxima e tamanho de veículo em vias públicas, horário de carga e descarga etc. (Gomes, 2004).

Miranda (2019) salienta que os problemas de roteirização normalmente estão atrelados às restrições de tempo, distância e capacidade e devem ser solucionados de forma a diminuir o tempo ou os custos compreendidos, a depender da estratégia da empresa. Para Damian (2018), o problema de roteirização de veículos está em estabelecer roteiros com o custo total reduzido, em que cada ponto seja visitado e que a demanda, em qualquer rota, não extrapole a capacidade do veículo que a atende.

A **roteirização sem restrições**, também conhecida como *problema do caixeiro-viajante* (PCV), nome inspirado em um caso hipotético de um caixeiro viajante que tem de visitar determinado número de cidades localizadas em uma região, preconiza que se delimite uma rota que minimize o percurso total (Novaes, 2015). Nessa situação, desconsideram-se as restrições, tendo em vista que o sistema não é restrito nem pelo tempo nem pela capacidade, e seu único problema é definir uma sequência de visitas aos clientes, diminuindo o percurso (Gomes, 2004). Alguns métodos utilizados no PCV são de construção e de melhoria do roteiro, em que a ordenação mais simples é ligar cada ponto ao seu vizinho mais próximo.

Conforme Novaes (2015), os **métodos de construção de roteiro** baseiam-se na escolha de um ou dois pontos junto aos quais, progressivamente, vão se incluindo novos pontos até se formar o roteiro. Um deles é selecionado como o principal; entre os demais pontos restantes, buscam-se os que estão mais próximos, tendo-se o cuidado para não incluir os que já foram inseridos no roteiro. Vale ressaltar que esse método não é considerado um dos mais eficazes, contudo, é rápido e aprovisiona uma solução que pode ser aplicada como configuração primitiva para o aproveitamento do método de melhoria. Os **métodos de melhoria** do roteiro buscam aprimorar o resultado adquirido por um método qualquer mediante sistemática predeterminada.

Já a **roteirização com restrições** obedece a um processo de divisão da área em distritos ou zonas de entregas. Um dos métodos utilizados nesse tipo de roteirização é o **método de Clarke e Wright**, criado em 1963, que tem como finalidade produzir roteiros que respeitem as restrições de tempo e de capacidade, buscando, ao mesmo tempo, diminuir a distância total percorrida pelos veículos. À medida que o método constrói os roteiros de forma inteligente, reduzindo ao máximo a distância percorrida, o número de veículos necessários para realizar o serviço tende a ser minimizado, o que incide nos investimentos e no custo de operação.

Miranda (2019) menciona que existem várias técnicas de roteirização empregadas conforme a apresentação do problema, como:

- **Um ponto de origem e um ponto de destino diferentes**: em uma rede de rotas conectadas, calcula-se a melhor rota com o intuito de detectar a menor distância, o menor tempo ou o menor custo entre a origem e o destino.
- **Múltiplos pontos de origem e destino**: comumente, quando existe mais de um fornecedor do mesmo produto para servir mais de um cliente, o problema também é o de encontrar o menor tempo e a menor distância por um custo reduzido.
- **Ponto de origem e destino coincidentes**: quando a frota é própria, normalmente a viagem só é apontada como completa no momento em que o veículo regressa ao ponto de saída.

A verificação pode ser otimizada com o emprego de *softwares* de roteirização, chamados de *sistema de informação geográfica* (SIG) ou *software de geoprocessamento*, formados pelos sistemas de roteirização e programação de veículos (SRPV). Os *softwares* de roteirização consistem em um conjunto de funções automatizadas que proporcionam aos usuários capacidades avançadas de armazenamento, acesso, manipulação e visualização de informação com referência geográfica. Logo, esses roteirizadores permitem visualizar e editar rotas e paradas em mapas já usados pelos motoristas. A partir de endereços dos clientes, eles também reconhecem os pontos de atendimento e registram qualquer tipo de informação a seu respeito (Goulart; Campos, 2018).

Ainda, o *software* possibilita determinar faixas de horários específicas em que ocorrem aumento ou diminuição no tempo de deslocamento, como nos casos de horários de pico. Com base nesses dados, é possível identificar com antecedência problemas de circulação, evitando que os veículos se desloquem nos horários de maior trânsito ou em rotas com engarrafamentos ou outros tipos de problemas (Vieira, 2009).

Para definir o programa a ser empregado, o ideal, segundo Gomes (2004), é efetuar testes de *softwares* disponíveis no mercado. Contudo, tais testes são de difícil aplicação, pois existe uma complexidade em construir, por meio do programa, um ambiente semelhante ao real.

Perguntas & respostas

Existem *softwares* específicos que auxiliam o processo de roteirização e demonstram dados precisos sobre as rotas utilizadas pelos veículos. Por que as empresas devem ter muito cuidado com a escolha de um programa?

Resposta: Os *softwares* auxiliam as empresas a planejar e a programar seus serviços de distribuição aos clientes, mas essas organizações devem ter cuidado com a escolha do melhor programa, pois, muitas vezes, alguma inadequação só é percebida depois da compra e da implementação do *software*, causando um grande prejuízo financeiro para a empresa.

Ballou (2006) cita alguns princípios que podem ser aplicados na melhoria dos roteiros, quais sejam:

- abastecer caminhões com volumes propostos em paradas que fiquem mais próximas entre si;
- acertar paradas em dias diferentes a fim de que sejam centralizadas;
- iniciar os roteiros a partir da parada mais afastada do centro de distribuição;
- efetuar o encadeamento das paradas em um roteiro com forma de lágrima;
- disponibilizar os maiores veículos;
- acertar as coletas nas rotas de entrega, em vez de disponibilizar somente ao final dos roteiros;
- considerar que uma parada transferível de uma concentração de rota pode figurar como um método alternativo de entrega;
- eliminar as diminutas janelas de tempo de paradas.

Exercício resolvido

Sobre a roteirização, analise as afirmativas a seguir.

I. A roteirização tem como finalidade auxiliar o cliente na localização de seu produto em tempo real.
II. A construção das rotas inicia na parada mais distante do centro de distribuição.
III. Os roteirizadores são *softwares* de transporte empregados no processo de gestão de logística e têm como propósito reduzir custos e otimizar o tempo das rotas.

Assinale a alternativa correta:

a. As afirmativas I e II são verdadeiras.
b. As afirmativas I e III são verdadeiras.
c. Apenas a afirmativa III é verdadeira.
d. As afirmativas II e III são verdadeiras.
e. Todas as afirmativas são verdadeiras.

Resposta: (d). Entre as afirmativas, são verdadeiras apenas a II e a III. A roteirização tem como finalidade oferecer o caminho percorrido pelo veículo na entrega dos produtos ao cliente, com um ou mais roteiros de paradas preestabelecidos, buscando diminuir o tempo de operação e a distância a ser percorrida, com vistas a reduzir os custos logísticos e satisfazer as necessidades dos clientes.

Em suma, na esfera logística, o processo de roteirização transformou-se em um instrumento estratégico para alcançar uma melhoria contínua do serviço de entrega, pois deve ser realizado com presteza, qualidade e no tempo previsto, de modo que os produtos cheguem aos consumidores de forma adequada, culminando, assim, em um valor agregado ao produto ou serviço e, consequentemente, na confiabilidade e na fidelização dos clientes.

2.3 Milk Run

Fornecedores e clientes enfrentam problemas diários com movimentação de materiais, por isso acabam utilizando métodos de auxílio a esses processos, e um deles é o *Milk Run*. A origem do termo, segundo Taboada (2009), vem dos Estados Unidos e remonta ao século XX, especificamente quanto ao trabalho das cooperativas de leiteiros. Tais cooperativas visavam economizar no transporte do leite das fazendas até a planta pasteurizadora.

Nesse método, cada fornecedor deixava seu produto, nesse caso o leite, no lugar e no horário combinados para a coleta e na embalagem determinada para armazenagem do produto. Depois, iniciava-se um sistema de coleta planejada do leite, entre a indústria e seus fornecedores, obedecendo a rotas prefixadas com janela de tempo para recolher a matéria-prima (Magalhães et al., 2013). Dessa forma, houve a mudança de um modelo descentralizado, no qual o produtor transportava seu leite até a cooperativa, o que influenciava o preço do produto devido aos custos de transporte, para um modelo centralizado, que trouxe mais vantagens aos produtores. Além de um novo modelo de trabalho, também padronizaram os recipientes de leite, permitindo que, ao entregar um recipiente cheio, fosse recolhido um vazio, agilizando, assim, o processo. Como tratava-se de um tipo de "volta", esse procedimento foi chamado de *volta do leiteiro*.

Conforme esclarecem Ferreira et al. (2016, p. 80),

> O milk run é entendido como um trabalho em conjunto entre o cliente e o fornecedor, com atividades coordenadas pela área de logística. Todo mundo ganha: o cliente possui um serviço programado, fornecedores mantêm e gerenciam estoques estrategicamente, e podem adequar suas produções, e as transportadoras ganham com contratos por tempo indeterminado.

Paoleschi (2015) define o sistema *Milk Run* como a coleta programada de suprimento (Figura 2.2) com dia e hora preestabelecidos para esse evento, o que é denominado *janela*. Portanto, o caminhão sai da fábrica e movimenta-se por uma rota combinada, percorrendo vários fornecedores e, em cada um deles, entrega embalagens retornáveis (caso as tenha) e recebe a mercadoria programada para aquele dia/hora. A janela fica aberta no decorrer de um tempo planejado e, se o fornecedor não apresentar a entrega completa, o veículo vai embora, deixando sob a responsabilidade desse fornecedor o transporte até o cliente ou cobrando multa contratual.

Figura 2.2 – *Milk Run*

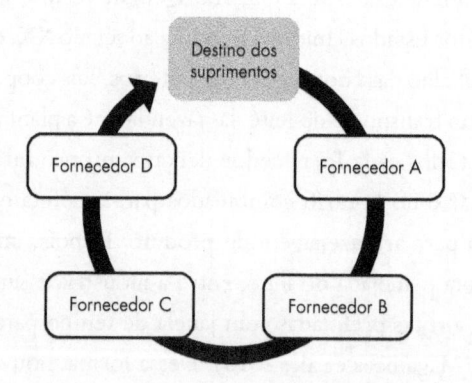

O fornecedor tem em mãos a programação da quantidade de mercadoria que deve ser entregue na data e no horário acordados, assim, ele precisa deixar o lote preparado, com nota fiscal emitida e aguardar o caminhão de coleta. Esse método barateia o custo do transporte e conserva o veículo sempre com carga (Paoslechi, 2015).

Em uma óptica abrangente, o sistema Milk Run consiste em um operador logístico ou transportador que envia um veículo em uma rota pré-estabelecida, com paradas em cada fornecedor para coletar o componente, ou peça, e faz a entrega de todo o carregamento na fábrica do cliente; cabendo várias alternativas de transporte, como por exemplo: Utilização de frota própria, operadores logísticos, transportes truckload (Veículo em que apenas um tipo de material ocupa todo o espaço) ou empresas de transporte. (Domingos et al. 2012, p. 4)

Para Pontes e Albertin (2017), o *Milk Run* consiste em um método de transporte para entrega e recolhimento de produtos em que o veículo de carga pode tanto entregar uma mercadoria de um único fornecedor para vários clientes quanto recolher um produto de diversos fornecedores e entregá-los a somente um cliente.

Existem diversas formas de se efetivar as coletas do suprimento *Milk Run*, de acordo com Moura e Botter (2002), quais sejam:

- **Coleta efetivada pelo próprio cliente**: o cliente faz uso de veículos próprios para realizar a coleta, especificando a melhor rota e a quantidade de peças essenciais para recolher em cada fornecedor, com o objetivo de utilizar ao máximo a capacidade de seu veículo de transporte.
- **Coleta efetivada por terceiros**: o transporte é feito por uma transportadora, mas o cliente é quem determina os parâmetros dessa coleta, como a quantidade de peças que devem ser recolhidas em cada fornecedor, as rotas que devem ser aplicadas e o tempo em que deve ser efetuada a coleta.
- **Coleta efetivada por operador logístico**: o próprio operador logístico é quem efetua o transporte com sua frota de veículos ou mediante uma subcontratação da transportadora, cabendo ao cliente determinar apenas a quantidade de peças a serem recolhidas e o momento em que vai precisar desse material.

Pires (2004) explica que, inicialmente, o procedimento pode ser efetuado pela empresa cliente. Entretanto, a tendência é que seja de responsabilidade de um operador logístico habilitado e com maior capacidade para proveitos em escala. O sistema também pode atuar sob várias frequências, de acordo com o setor industrial atendido, o tipo de produto, o volume de produção e a proximidade dos fornecedores, sendo preciso ponderar qual dessas formas agrega maior valor à empresa e ao cliente, satisfazendo suas necessidades.

Exercício resolvido

Entre as formas de se realizar o transporte de suprimentos, o *Milk Run* aperfeiçoa técnicas e processos logísticos com vistas a otimizar os serviços de entrega e coleta, trazendo vantagens para o cliente e toda a cadeia produtiva. Esse método já foi conhecido como *corrida do leite*, visto que sua origem está ligada a entregas efetuadas por leiteiros às cooperativas. Qual é o objetivo que norteia esse método de coleta?

a. Não estocar produtos, os quais são imediatamente entregues, no momento de seu recebimento, para o cliente final, evitando o uso de depósitos de armazenagem.

b. Observar as melhores rotas a serem utilizadas na programação das entregas, melhorando o tempo e as condições junto ao fornecedor.

c. Instituir uma coleta programada de suprimentos com dia e hora preestabelecidos a fim de reduzir os custos logísticos de abastecimento por meio de economia em grande escala e racionalização das rotas.

d. Promover melhorias contínuas dentro da organização, evitando desperdícios ou problemas nos processos de transportes e armazenamento de mercadorias.

e. Emitir autorizações para que os clientes consigam retirar suas mercadorias sem a necessidade de utilizar o transporte do fornecedor, deixando o frete por conta do cliente.

Resposta: (c). O *Milk Run* é um método que institui uma coleta programada de suprimentos, funcionando como um sistema logístico baseado em determinar uma rota única de entrega ou de coleta e usar toda a capacidade do veículo. Assim, as coletas têm uma programação predeterminada (dia/hora) para que as mercadorias sejam transportadas até o cliente, e é o próprio cliente quem verifica as melhores rotas e as quantidades necessárias, fazendo com que os custos logísticos sejam reduzidos por meio de economias em grande escala e racionalização das rotas.

Esse método influencia diretamente o acolhimento das demandas do cliente final, pois diminui os riscos de atraso, tendo em vista a otimização das entregas pelos fornecedores, fazendo com que a empresa tenha recursos à sua disposição para a produção nos prazos programados, tanto para a fabricação quanto para a entrega do produto. As empresas que operam com esse método procuram por resultados que elevem sua competitividade. Assim, o desafio do método de coleta programada de peças, *Milk Run*, é agregar valor na cadeia de suprimentos, diminuindo estoques e perdas (Moura; Botter, 2002).

A principal finalidade do *Milk Run* é diminuir os custos logísticos de abastecimento mediante economias em quantidades consideráveis e racionalização das rotas, bem como elevar a confiabilidade do processo (Pires, 2004). Nesse sentido, a logística da indústria automotiva é quem mais faz uso desse método, pois tem a necessidade de abastecer grandes montadoras. No Brasil, o conceito foi aproveitado pela primeira vez em 1998, pela General Motors, que tinha como intuito alcançar os seguintes objetivos: redução do custo de frete; redução do tempo de carregamento e descarregamento, elevação do comprometimento por parte dos fornecedores; diminuição do número de veículos envolvidos; e estabelecimento de melhores rotas de transporte (Goulart; Campos, 2018).

No sistema de coleta programada *Milk Run*, os transportes empregados para a movimentação das peças devem ter sua capacidade elevada e buscar pela otimização da rota, tendo como propósito reduzir os custos de transporte da operação. Com o sistema de coleta programada, o transporte das peças para a montadora é efetuado somente quando requerido e na quantidade precisa, assim, a montadora não recebe uma quantidade acima do que foi previsto para a coleta (Moura; Botter, 2002). Isso ocorre porque esse sistema utiliza os veículos que deixam a fábrica com os produtos e seus itens e voltam transportando os insumos indispensáveis para a fabricação de produtos, embalagens, materiais enviados para beneficiamento ou devolução de mercadorias (Paoleschi, 2015).

Taboada (2009) menciona que o *Milk Run* deve seguir estas etapas:

- **Informações sobre fornecedores**: observar quais fornecedores têm capacidades de atuação, considerando localização, contato, identificação, histórico de trabalho etc.
- **Plano de carga**: determinar com antecedência o que transportar, o volume da carga e como recolher.
- **Tipo de embalagem**: estabelecer as dimensões da embalagem e suas características, a fim de agrupar volumes das cargas e usar equipamentos de movimentação de materiais, como empilhadeiras, além de definir a quantidade de peças por embalagem.
- **Frequência das coletas**: estipular um período para que as coletas sejam realizadas, essa, diga-se, é uma das etapas fundamentais desse tipo de método. A coleta não precisa obedecer, necessariamente, a uma periodicidade diária, podendo ocorrer a cada dois dias, semana, mês etc.
- **Equipamento de transporte**: escolher o equipamento de transporte mais adequado exige relacionar o tipo de embalagem, o tamanho do lote de coleta e as capacidades volumétricas dos veículos de transporte. Nessa etapa, também é determinada a entidade responsável pelo serviço de transporte.

Para que as operações sejam realizadas com sucesso, precisa haver integração entre todos os envolvidos no processo, além de uma boa comunicação e comprometimento entre as partes, a fim de que os serviços sejam bem executados, evitando, assim, futuros problemas ou resultados insatisfatórios.

Taboada (2009) lembra que, no suprimento *Milk Run*, assume-se outra maneira de compra, pela modalidade *freen on board* (FOB), na qual o cliente é responsável pelo agenciamento do serviço de transporte, isto é, ele é quem arca com os custos do transporte. Nessa modalidade, o próprio comprador escolhe a transportadora, paga todas a tarifas e assume o risco por perdas ou danos que possam ocorrer, deixando de ser responsabilidade do fornecedor, portanto. Isso possibilita um emprego adequado dos veículos, uma vez que o custo total de transporte para o suprimento é atraentemente reduzido em relação ao sistema convencional, o que favorece o afastamento de problemas como as grandes filas de caminhões nas áreas de recebimento e a consequente ampliação da produtividade. Além do mais, como é o cliente quem determina o que vai ser coletado e transportado, ele deixa de receber quantidades desnecessárias de produtos, impactando o nível de estoques utilizado e, como resultado, mitigando os custos com essa área. Desse modo, a diminuição do custo do frete se apresenta como o primeiro impacto para fundamentar a aceitação do sistema de coleta programada de peças, *Milk Run*.

Outro desafio para as empresas que seguem esse método de trabalho é a redução do estoque na cadeia de suprimentos, visto que alcançam controle mais efetivo sobre os produtos que verdadeiramente são requeridos pelos clientes e maior constância de abastecimento, o que possibilita acompanhar as oscilações na demanda (Moura; Botter, 2002).

Os participantes de um sistema como o *Milk Run,* de acordo com Moura e Botter (2002), apresentam algumas vantagens, como:

- **Criar oportunidades para um sistema *just-in-time* entre fornecedor e cliente**, tanto por meio da redução do nível de estoque que o cliente necessita para sua manufatura quanto da diminuição dos estoques do fornecedor.
- **Diminuir custos de transporte**, uma vez que é reduzida a quantidade de veículos para a efetivação do transporte, possibilitando melhor emprego da capacidade de carga desses veículos. Com o uso de embalagens padronizadas e planejadas, também diminui o tempo de permanência dos veículos nos pontos de recolhimento, permitindo o delineamento de rotas mais adequadas.
- **Diminuir custos de estoques**, pois, com a elevação da regularidade dos pedidos de suprimentos, o nível de estoque necessário acaba diminuindo; o mesmo ocorre com o fornecedor, que, ao tomar conhecimento da quantidade requerida e do período de envio, encaminha apenas os produtos necessárias e, com isso, evita excessos de estoque.
- **Aperfeiçoar o recebimento de materiais**, visto que o momento da descarga de produtos no cliente é crucial, pois os materiais estão em embalagens padronizadas e, com a chegada programada do veículo, espera-se extinguir as filas de caminhões, evitando congestionamentos ou picos de recebimento, o que pode interferir na produtividade.

É importante mencionar, ainda e por fim, que a maior dificuldade imposta ao *Milk Run* está na complexidade do planejamento, justamente por ser necessário cumprir, de forma rigorosa, os horários programados, em que qualquer atraso a algum fornecedor ou recebedor anula toda a operação.

2.4 Consórcio modular

As parcerias estratégicas e os acordos de cooperação entre várias empresas vivem um crescente diante de um contexto no qual essas organizações, que trabalham unidas produzindo e distribuindo seus produtos, abriram espaço para mais um modo de integração entre as cadeias de suprimentos, chamado de *consórcio modular*.

> *O consórcio modular é uma rede burocrática (baseada em acordos formais), assimétrica (estabelecida a partir da unidade produtiva), vertical (compartilha atividades da cadeia de valor), estática (os acordos são de longo prazo), modular (cada elo da cadeia de valores tem seu papel bem definido), tangível (as relações surgem de oportunidades para compartilharem atividades da cadeia de valores).* (Fusco, 2005, p. 131)

Resende et al. (2002) entende o consórcio modular como uma forma de *outsourcing*, na qual atividades que antes eram apenas de responsabilidade da fábrica, agora passam a ser compartilhadas entre a empresa e seus fornecedores. Dessa forma, a estrutura modular ressignifica o termo *parceria*, uma vez que fortalece o elo de associação entre os fabricantes e seus fornecedores, fazendo com que todos se tornem responsáveis pelos investimentos e riscos das atividades da empresa e busquem bons resultados.

O que é?

O *outsourcing* tem como finalidade oferecer maior agilidade e competitividade às empresas por meio do compartilhamento, entre os parceiros, de atividades secundárias. Desse modo, seu sucesso depende dos elos estabelecidos entre as partes.

Fusco (2005) destaca os elementos morfológicos gerais do consórcio modular e seus correspondentes elementos característicos:

- **Nós:** os fornecedores instalam-se na fábrica e participam diretamente da fabricação do produto.
- **Posições:** a coordenação é realizada pela unidade produtiva.
- **Ligações:** o relacionamento entre empresas configura-se em rede.
- **Fluxos:** fluxo de bens (produtos) e fluxo de informações (qualificação profissional e tecnologia da informação).

O consórcio modular instaurou uma nova forma de trabalho, estimulando a competitividade e elevando a produtividade, além de contribuir com a diminuição dos custos.

O princípio do funcionamento da Organização Modular é a transferência da Tecnologia de montagem da empresa detentora do projeto para as empresas fornecedoras. Neste sistema toda a montagem do produto é realizada por empresas denominadas de modulistas. As obrigações e responsabilidades são bem definidas entre as empresas participantes, sendo que a qualidade final é de responsabilidade do líder do Consórcio Modular. (Resende et al., 2002, p. 3)

Um dos propósitos do consórcio modular é a transferência de processos de montagem aos consorciados, o que reduz os custos e o tempo de montagem do produto, uma vez que diversas tarefas são efetuadas ao mesmo tempo. Assim, a montagem final está sujeita às atividades prévia, caracterizando um caminho crítico para a montagem. Contudo, a produção paralela, além de reduzir o tempo, contribui com a condução e a organização das atividades dos consorciados (Resende et al., 2002). Logo, essa nova forma de trabalhar lida com aspectos relacionados à organização das tarefas e da produção, ao relacionamento entre a empresa líder do consórcio e seus modulistas e à formação da cadeia de fornecedores.

No consórcio modular, o produto é decomposto em módulos que são fornecidos e montados em grupo por empresas parceiras. Uma grande diferença é que as empresas estão incorporadas dentro da mesma planta, convergindo para um produto final. A empresa líder não efetua nenhum tipo de montagem, mas garante a qualidade final de seu produto, ou seja, compõe um caso radical de *outsourcing*. Desse modo, conforme Resende et al. (2002), as atividades que eram de responsabilidade do fabricante (nesse caso, o processo de montagem do produto) passam a ser de competência do fornecedor, denominado *modulista* ou *consorciado*. Ao fabricante restam as seguintes incumbências:

- engenharia do produto;
- controle de qualidade final do produto;
- interface com o cliente;
- distribuição do produto;
- comercialização;
- *marketing*.

Os consorciados, por sua vez, têm a responsabilidade de aprovisionar e montar o módulo ou sistema e assegurar que os produtos entreguem a qualidade almejada. Um caso muito citado na literatura, em razão da inovação provocada, é o da fábrica de caminhões e ônibus da Volkswagen em Resende, no Rio de Janeiro, que, por meio do compartilhamento da produção com os parceiros, em que os fornecedores montam as peças que vendem, a fábrica consegue reduzir custos, investimento, estoques, tempo e agilidade na produção de veículos.

Para saber mais

Sugerimos que assista ao vídeo indicado a seguir e observe como ocorrem essas atividades envolvendo parceiros na fábrica da Volkswagen. O vídeo retrata a busca por garantir, durante a montagem dos caminhões, agilidade, redução de custos e a colaboração necessária ao processo em curso.

CONSÓRCIO Modular, parceiros da MAN montam os caminhões. 4 set. 2020. 10min 53 s. Disponível em: <https://www.youtube.com/watch?v=BfJIPKryWwo>. Acesso em: 6 jun. 2021.

Bueno, Vendrametto e Alisancic (2007) explicam que a Volkswagen escolheu seus parceiros após a análise de 53 empresas nacionais e internacionais por meio de um sistema de compra internacional da própria Volkswagen do Brasil.

A análise passou por uma verificação da condição técnica de cada empresa, além dos aspectos do melhor preço oferecido para a realização da tarefa.

As sete empresas participantes são de diversas origens: três são alemãs; duas, americanas; três, nacionais; e uma formada pela junção de duas empresas nacionais e uma japonesa. (Bueno;Vendrametto; Alisancic, 2007)

A Volkswagen e todos os seus modulistas estabeleceram, de forma conjunta, um contrato no qual constam deveres e direitos de cada um dos envolvidos no consórcio modular. Segundo relatam Bueno, Vendrametto e Alisancic (2007), os riscos do investimento efetuado pelos fornecedores são muito pequenos, já que a montadora paga seus parceiros pela produção concreta, e não por suposições e predisposições da demanda, evitando, assim, exageros de estoques. No que diz respeito à coordenação da cadeia de suprimentos, compete à montadora escolher os parceiros de terceiro nível e realizar as transações da compra das matérias-primas, uma vez que, dessa maneira, ele pode adquirir vantagens para ambos os lados, pois seu poder de barganha é indiscutivelmente maior se comparado aos fornecedores de terceiro nível.

Arkader (2001) destaca que, ao manter seus fornecedores imediatos no mesmo ambiente, atribuindo-lhes uma parte relevante e estratégica do processo de produção, os fabricantes ultrapassam o papel normalmente destinado às empresas que proporcionam certo tipo de serviço, como nos casos da terceirização. O consórcio modular, portanto, fomenta a parceria para além de um contrato tradicional.

2.5 Logística colaborativa entre fornecedores

Como vimos até aqui, o sucesso na cadeia de suprimentos depende de as empresas buscarem parcerias entre fornecedores para a compra de insumos necessários. Tais parcerias devem ser fruto de uma colaboração efetiva entre os envolvidos, que, nesse caso, são os fornecedores.

Bertaglia (2016) explica que o relacionamento colaborativo entre o fornecedor do produto e o distribuidor é difícil de ser mantido em todo o processo. Essa cooperação entre as duas organizações não consiste apenas em uma aliança ou parceria, como muitas vezes acontecia ou ainda acontece no mercado, mas trata-se de um envolvimento mais sólido, em que ambos têm de construir um relacionamento extremamente confiável e com o propósito de obter benefícios para si, bem como alcançar vantagens para o consumidor. Por isso, com base no conceito de **relacionamento colaborativo**, gerado em benefício da cadeia de suprimentos, os clientes procuram parcerias sólidas com fornecedores que se mostrem mais capazes e ofereçam um melhor nível de serviço (Vieira, 2009).

A finalidade, portanto, é que todos os envolvidos na cadeia de suprimentos alcancem sucesso a longo prazo e agreguem valor ao sistema produtivo. Vale ressaltar que essa perspectiva difere totalmente da perspectiva transacional, em que cada parte está preocupada em conseguir o máximo de dinheiro de cada transação, mesmo que isso signifique prejudicar o parceiro ao longo do tempo (Stanton, 2019).

Perguntas & respostas

Mesmo sabendo que a colaboração entre fornecedor e cliente traz benefícios para ambos, certas empresas ainda resistem em adotar esse método de trabalho. Por quê?

Resposta: Muitas organizações não mantêm um relacionamento colaborativo com seus fornecedores por falta de confiança no parceiro ou, até mesmo, por não enxergá-lo dessa forma, figurando apenas como mero provedor de suprimentos. Quem decide envolver-se em uma parceria colaborativa deve considerar que os benefícios advêm de um relacionamento baseado na confiança e no respeito mútuos.

Embora não seja simples construir um relacionamento cooperativo, diferentes organizações que participam do fluxo da cadeia de abastecimento estão consumindo recursos para atingir essa meta, uma vez que tal forma de se relacionar origina uma abertura importante para compartilhar ideias entre os componentes das organizações integrantes do processo (Bertaglia, 2016). O alicerce de um relacionamento cooperativo, reiteramos, é o respeito e a confiança mútuos, lembrando, no entanto, do comprometimento e da comunicação efetiva na alta gerência das organizações, aspectos que Bertaglia (2016) também destaca como fundamentais. As medidas de desempenho devem ser acordadas coletivamente; as informações-chave precisam ser compartilhadas de maneira contínua, visto que se trata de um elemento essencial do processo.

> A formação de alianças estratégicas entre varejistas e fornecedores estão se tornando comuns em muitos setores. [...] a variação na demanda para os fornecedores a partir dos varejistas nos relacionamentos varejista-fornecedor tradicionais é muito maior do que a variação na demanda vista pelos varejistas. Além disso, os fornecedores têm um conhecimento muito maior dos seus leads times e das capacidades de produção do que os varejistas. Assim, à medida que que as margens se apertam e que a satisfação do cliente fica mais importante, faz sentido recrutar os esforços corporativos entre fornecedores e varejistas com o intuito de alavancar o conhecimento das duas partes. Essas são as chamadas parcerias varejista-fornecedor (PVF). (Simchi-Levi; Kaminsky, Simchi-Levi, 2010, p. 306)

A partir dessa relação de colaboração mútua, começam a surgir conceitos importantes, entre eles: estoque administrado pelo fornecedor e estoques em consignação.

O **estoque administrado pelo fornecedor**, também conhecido como *vendor managed inventory* (VMI), é muito empregado pelos setores varejista e industrial. Trata-se de um método de suprimento em que o fornecedor é responsável pelo controle de estoque do cliente por meio de um sistema de intercâmbio de informações (Novaes, 2015). Segundo Simchi-Levi, Kaminsky e Simchi-Levi (2010, p. 309, grifo do original), "dependendo da relação entre os poderes do varejista e do fornecedor, o contrato de suprimento precisa ser negociado, de forma que o fornecedor e o varejista compartilhem a *economia global do sistema*". Essa integração possibilita que o acordo atenda à previsão da demanda, o que sugere uma transformação no planejamento de reabastecimento, visto que a informação chega até o fornecedor no momento exato. Almeida e Schlüter (2012) descrevem que o grau de especificação é tão eficiente que, assim que é identificada a demanda de produto acabado, o *software* delineia planos para produção, planejamento, abastecimento e distribuição para os depósitos. Geralmente, esse sistema origina vários benefícios para todos os envolvidos, como diminuição dos estoques, redução de custos e otimização de processos.

Já os **estoques em consignação** correspondem aos materiais encaminhados a terceiros para realizar retrabalho ou acabamento em algum fornecedor. Também há casos em que os produtos permanecem em consignação para venda em outras empresas, por determinado período, e devem regressar caso a venda não se concretize (Paoleschi, 2019).

Outro método importante é a **resposta eficiente ao cliente** (*efficient consumer response* – ECR), que se refere a um conjunto de práticas elaboradas em grupo, envolvendo todos os participantes da cadeia – fabricantes, distribuidores e varejistas –, com a finalidade de alcançar proveitos por eficiência nas atividades comerciais e operacionais entre as empresas e entregar um serviço de qualidade ao consumidor final. O que se busca com esse método é aperfeiçoar a eficiência na movimentação dos produtos da cadeia de distribuição, agregando um valor superior ao cliente. Trata-se, portanto, de uma estratégia em que fornecedores e varejistas atuam de maneira integrada, com comprometimento total e em um sistema de ganha-ganha entre os parceiros de negócios ao longo da cadeia, exigindo a implementação da cultura de parceria em vez da competição (Almeida; Schlüter, 2012).

Exercício resolvido

Atualmente, vários sistemas fazem parte dos processos logísticos envolvendo a colaboração entre fornecedores. Nesse sentido, o VMI é empregado para diminuir os custos e elevar o nível de serviço para o cliente por meio da mudança do planejamento de reabastecimento, com vistas a otimizar o desempenho da cadeia de suprimentos, sendo largamente utilizado nos setores varejista e industrial. Tendo isso em vista, assinale a alternativa correta:

a. No VMI, o estoque é controlado pelo fornecedor, em que se eleva o volume nos pontos de venda até o valor máximo esperado, fazendo com que os produtos sempre estejam disponíveis.
b. O VMI emprega uma reposição periódica predefinida do estoque, que é realizada pelo fornecedor, sem a necessidade de que o cliente faça seus pedidos.
c. No VMI, o estoque é controlado somente pelo fornecedor, e o cliente, sempre que necessário, envia alguma informação a ele, que imediatamente transporta o produto para o consumidor final.
d. O VMI executa um compartilhamento de estoque, no qual o centro de distribuição intermedeia a relação entre o cliente e o fornecedor, cabendo a ambos o gerenciamento do estoque.
e. No VMI, o gerenciamento do estoque de uma empresa é feito pelo fornecedor, uma vez que ele tem acesso aos dados referentes à movimentação de estoque, ficando responsável pelo seu reabastecimento.

Resposta: (e). No VMI, o estoque é administrado pelo fornecedor. Assim, o próprio fornecedor assume o controle do reabastecimento, tendo acesso às informações por meio de um sistema de intercâmbio de informações. Dessa forma, busca-se otimizar os processos mediante a coordenação da produção e da distribuição.

Alguns aspectos importantes têm de ser considerados ao firmar uma parceria varejista-fornecedor. Um deles é designar quem toma as decisões de reabastecimento, pois isso insere a parceria em um *continuum* de possibilidades estratégicas. Essa definição pode ser realizada em fases, primeiramente com base em dados, em informações, e, mais tarde, com a tomada de decisão, que é partilhada entre os parceiros. Outro elemento é a manutenção da relação ganha-ganha, pois ninguém, nem distribuidor nem fornecedor, embarcará em um negócio somente porque o conceito de relacionamento colaborativo é surpreendentemente atraente. Nesse sentido, todos os envolvidos só aceitam participar desse processo quando estão certos de que podem lucrar e de que, de alguma forma, essa escolha gera vantagem competitiva, pois investimentos são indispensáveis e ninguém investe sem que exista garantia de retorno.

Síntese

Neste capítulo, concluímos que:

- O transporte colaborativo é considerado uma das relações mais importantes da logística colaborativa e trata-se do compartilhamento ou aproveitamento de um mesmo veículo para transporte de determinadas cargas.
- Uma das formas de realizar o transporte colaborativo é por meio da consolidação de fretes, que ocorre quando mais de uma empresa tem entregas para a mesma região ou quando uma mesma empresa tem de fazer mais de uma entrega no mesmo local.
- A roteirização corresponde ao processo de estabelecer rotas e paradas a serem utilizadas pelos veículos, tendo como finalidade conservar os custos operacionais e satisfazer os clientes.
- O *Milk Run* consiste em uma coleta programada de suprimentos em que se determina dia e hora para o recolhimento. Assim, o veículo obedece a uma rota preestabelecida, parando em cada fornecedor e coletando os produtos a fim de entregá-los aos clientes.
- O *outsourcing* promove um compartilhamento de responsabilidades, pois transfere certas atividades para os fornecedores, proporcionando a ambos vantagem competitiva, uma vez que reduz custos e eleva a produtividade.
- A logística colaborativa exige confiança, busca pelos mesmos objetivos e respeito entre os envolvidos, transformando-se em uma estratégia organizacional que tem como intuito obter vantagens para os envolvidos.

Logística colaborativa e provedores logísticos

Conteúdos do capítulo:

- Provedores logísticos.
- 3PLs.
- 4PLs.
- Armazéns compartilhados.
- Condomínios logísticos.
- Plataformas logísticas.

Após o estudo deste capítulo, você será capaz de:

1. identificar os provedores logísticos;
2. apontar os 3PLs, ilustrando seus principais serviços;
3. indicar os 4PLs e sua relação com a cadeia de suprimentos;
4. discutir os armazéns compartilhados;
5. analisar os condomínios logísticos;
6. discorrer sobre as plataformas logísticas e suas principais características.

As empresas passam constantemente por transformações, sobretudo nos sistemas de armazenamento e distribuição de mercadorias, que, com o tempo, complexificam-se, demandando mais capacidade de atuação. Com isso, muitas organizações recorrem a terceiros na busca por soluções para impulsionar a competitividade e agregar valor a seus produtos nas várias fases da cadeia de abastecimento, procurando por espaços que sejam compatíveis com suas necessidades e que melhorem o fluxo de atividades das mercadorias até a etapa de entrega ao cliente.

Assim, de modo a acompanhar o desenvolvimento do mercado, as empresas aliam-se a **operadores logísticos** em sua busca por empreendimentos logísticos com boa localização a fim de estimular e agilizar o processo produtivo. O crescimento de novos mercados – prestadores de serviços logísticos, integradores logísticos, condomínios logísticos e plataformas logísticas – traz ganhos de escala para toda a cadeia produtiva.

capítulo 3

3.1 Provedores logísticos

Os provedores de serviços logísticos são todas as entidades que, no sistema logístico, realizam atividades a cargo e ordem das empresas produtoras. Constituem-se como elos entre os canais de distribuição, conectando os diversos intervenientes da cadeia de abastecimento. Tais provedores têm-se complexificado, transformando-se em verdadeiros "profissionais" do desenvolvimento das atividades que exercem (Rocha; Sousa, 2017).

Marques e Oda (2012) explicam que, para demonstrar o processo evolutivo das relações logísticas, foram estabelecidas algumas siglas provenientes da língua inglesa. Essas siglas apresentam a seguinte lógica: P de *party*, L de *logistics*, e os números que as precedem informam o nível, significando:

- **1PL**: operação logística própria;
- **2PL**: gestão tradicional de transporte e armazém;
- **3PL**: gestão da complexa rede de serviços logísticos;
- **4PL**: gestão de toda a cadeia de abastecimento;
- **5PL**: gestão de todas as fases de abastecimento perspectivadas por modelos *e-business*.

Figura 3.1 – Provedores logísticos

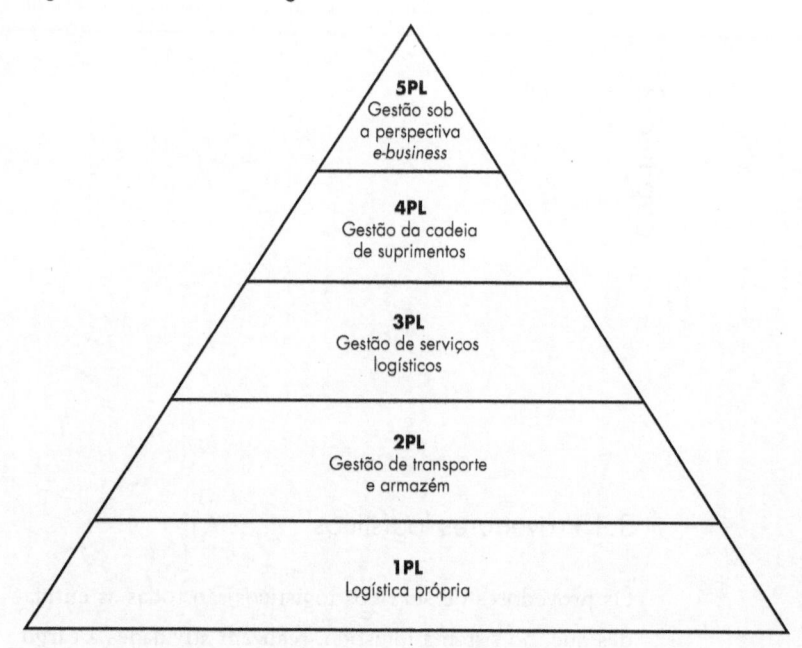

5PL
Gestão sob a perspectiva *e-business*

4PL
Gestão da cadeia de suprimentos

3PL
Gestão de serviços logísticos

2PL
Gestão de transporte e armazém

1PL
Logística própria

No modelo 1 PL, a empresa não terceiriza o transporte, mas o operacionaliza com recursos próprios, assim como a armazenagem e os equipamentos de movimentação. Ela detém pessoal próprio para realizar as funções logísticas. Essa é a maneira mais tradicional de efetuar a distribuição, sendo igualmente eficiente e eficaz, mas, ao tratar internamente de todas as atividades, é preciso atentar às flutuações do mercado e à disposição da empresa (Rocha; Sousa, 2017).

Na forma de ação 2PL, as empresas gerenciam de modo tradicional o transporte e a armazenagem. Assim, sempre que precisam de algum desses serviços, entram em contato com empresas especializadas. Trata-se, conforme explicitam Rocha e Sousa (2017), de um amoldamento para empresas que não contam com infraestrutura suficiente para abarcar toda a sua atividade logística. O principal motivo para a escolha desse tipo de PL é o baixo custo de aquisição ou o baixo investimento de capital. Como é possível perceber, não se trata de uma relação de parceria entre a empresa e a terceirizada, mas da compra de serviços logísticos por parte do contraente.

O 5PL engloba parcerias com empresas fornecedoras de quaisquer atividades logísticas que empregam meios próprios ou terceirizados no campo do transporte ou de armazenagem. Ele foi criado para servir o mercado do *e-business*, integrando os 3PL e os 4PL, permitindo, assim, um encontro entre prestadores de serviços logísticos e seus possíveis clientes. Desse modo, o 5PL busca otimizar as operações de *e-commerce* por intermédio de recursos tecnológicos, e suas operações se estendem desde o armazenamento até a entrega do produto ao cliente. Trata-se, com isso, de um sistema eficaz de controle de estoques, evitando, assim, desperdícios (Rocha; Sousa, 2017).

A internet das coisas (*internet of things* – IOT) e o *blockchain* têm funcionado como um auxílio ao 5PL, isso porque a internet das coisas se refere à tecnologia empregada na conexão de sistemas, ferramentas e dispositivos relacionados com a internet, podendo ser utilizada para rastrear cargas, otimizar os estoques, traçar melhores rotas etc. Já o *blockchain* é responsável pelo rastreamento dos produtos, informando ao consumidor sua procedência, o que fomenta, no momento da compra, a credibilidade e a confiabilidade na relação entre o cliente e o provedor. Outro emprego ocorre por meio do rastreamento das encomendas, em que o cliente é informado sobre cada etapa da entrega.

Nas seções a seguir, discutiremos com maior profundidade os 3PL e 4PL.

3.1.1 3PL

A busca crescente por redução de custos e otimização dos serviços elevam também a procura pela terceirização das etapas da cadeia de suprimento, fazendo com que os serviços oferecidos por diversos provedores logísticos terceirizados sejam diversos. Mas o que são operadores logísticos?

> *Os operadores logísticos são empresas prestadoras de serviço, especializadas no segmento logístico, que desenvolvem operações logísticas totais ou parciais para terceiros, através de seus recursos instalados. Normalmente envolvem operações de armazenamento, preparação de pedidos, transporte, distribuição e outros serviços. (Marques; Oda, 2012, p. 19)*

Os operadores logísticos, segundo Novaes (2015), são especialistas em conduzir as atividades logísticas, ou parte delas, nas diversas etapas da cadeia de abastecimento de seus clientes, acrescentando valor a seus produtos. Logo, um operador logístico tem de atender, ao mesmo tempo, três atividades consideradas fundamentais: (1) controle de estoques, (2) armazenagem e (3) gestão de transportes.

O 3PL refere-se ao *third-party Logistics*, ou somente **prestador de serviço logístico** (*logistic providers*), e compreende todo tipo de atividade logística, por mais simples que seja, não abarcando, obrigatoriamente, os desenvolvimentos tecnológicos e operacionais que fornecem suporte à cadeia de suprimento (*supply chain management* – SCM).

Para Rocha e Souza (2017), o 3PL corresponde a um serviço prestado por uma empresa externa contratada para disponibilizar atividades logísticas, podendo auxiliar todo o processo ou apenas parte dele. É certo que tais serviços lidam com um alto número de atividades básicas ou personalizadas. O contrato, desse modo, é firmado entre dois parceiros e deve beneficiar ambos.

Miranda (2019) explica que, no 3PL, os terceiros oferecem serviços de logística integrando a cadeia logística da empresa cliente. Para tanto, precisam ter capacidade de atender, muitas vezes concomitantemente, à gestão de estoque, ao transporte e à armazenagem. O prestador de serviço logístico até pode aceitar apenas um desses serviços, a fim de acolher demandas específicas, mas, caso algum cliente necessite, tem de ser capaz de trabalhar nas três frentes. Operações terceirizadas permitem que o provedor logístico opere de forma mais extensa, organizando os materiais em seus armazéns e se responsabilizando desde a preparação até a distribuição.

O 3PL (Figura 3.2) pode ou não controlar os meios de transportes e os armazéns de que realizam a gestão, uma vez que o principal serviço oferecido por eles é a inteligência de conduzir toda a cadeia logística do cliente, ofertando-lhe, mediante serviços especializados, os resultados mais satisfatórios para suas necessidades (Miranda, 2019).

Figura 3.2 – 3PL

Todas as partes	Caixa de carga	Logística
Envio	Processo logístico	3PL
Envio global	Transporte	Logística locacional

Para Bowersox et al. (2014), os prestadores de serviços integrados (3PL ou 4PL) geralmente são classificados em empresas com ou sem ativos. A diferença entre eles é que as empresas baseadas em ativos dispõem de e manipulam equipamentos de transporte e instalações de depósito; em contrapartida, as sem ativos são capacitadas para oferecer serviços de informação amplos, que proporcionam os arranjos das cadeias de suprimentos.

Stanton (2019) cita alguns tipos comuns de 3PL, sendo:

- **3PL baseado no transporte** (*asset-based* 3PL): é responsável por executar o transporte.
- **3PL baseado em armazenamento** (*non-asset-based* 3PL): é responsável por operar com o armazenamento.
- **3PL de serviço com valor agregado** (*value-added service* – VAS): atua com a montagem de *kits* de conjuntos, embalagens ou devoluções.
- **3PL de distribuição** (*freight forwarding service*): é responsável pela distribuição e pelos envios entre transportadoras.
- **3PL de serviço de agenciamento personalizado** (*customs brokerage service*): atua com governos estrangeiros a fim de movimentar a carga por fronteiras entre países.

- **3PL de alocação de pessoal e reforço de mão de obra** (*flexible workforce or workforce argumentation service*): é responsável por contratar trabalhadores temporários a fim de diminuir a contratação de funcionários em tempo integral.

O 3PL normalmente desempenha as atribuições de provedor logístico e situa-se ao lado dos recursos logísticos, uma vez que auxilia a cadeia de suprimentos na obtenção de economias consideráveis e participa de etapas que vão desde a armazenagem até a entrega do produto final ao cliente.

Perguntas & respostas

Qual é a principal diferença entre os prestadores de serviços logísticos tradicionais e os operadores de serviço logístico 3PL?

Resposta: os operadores logísticos 3PL oferecem uma grande quantidade de atividades logísticas, e não apenas as executam, assim como os prestadores de serviços logísticos tradicionais, mas também as gerenciam.

Rocha e Sousa (2017) explicam que o 3PL nasce de uma aliança logística ou estratégica, com a finalidade de instituir uma relação próxima entre a empresa e o fornecedor logístico, assim, ambos assumem riscos e vantagens de forma partilhada, ainda que o operador logístico seja o responsável pelas tarefas logísticas. A estratégia de se utilizar um 3PL é empregada para reduzir custos e aperfeiçoar os serviços para as empresas e os clientes e está associada à ocorrência de uma subcontratação ou de um *outsourcing*.

Grant (2013) elenca alguns motivos favoráveis à subcontratação de atividades logísticas, a saber:

- desfruta de maior capacidade para se dedicar a competências centrais;
- evita grandes investimentos de capital em ativos logísticos ou uma liberação de capital existente;
- transforma atividades logísticas de despesas de capital para despesas correntes;
- diminui custos com mão de obra;
- melhora os padrões de serviços;
- dispõe de maior capacitação técnica e economias de escala na obtenção de veículos e combustível;

- apresenta uma cobertura geográfica mais extensa;
- fornece suporte para uma faixa mais larga de produtos;
- conta com agrupamento de cargas entre vários clientes de 3PLs, o que oferece custos unitários mais baixos e equilibra flutuações sazonais.

As empresas que estão analisando as vantagens e as desvantagens da subcontratação devem ponderar a respeito de diversos fatores relevantes, entre eles garantir que exista uma concordância seletiva entre o 3PL e a empresa, bem como um efetivo compartilhamento de informações e especificações apropriados aos papéis exercidos por ambos, assim, devem ser elaboradas regras essenciais de acordo recíproco e uma cláusula de saída, caso o arranjo não tenha êxito (Grant, 2013).

De acordo com Miranda (2019), a contratação de um 3PL eleva a flexibilidade, que é um dos elementos competitivos entre as empresas diante das transformações contínuas do mercado. Afinal, uma empresa não é capaz de ascender ou modificar sua logística tão ligeiramente sem investir de maneira considerável. Assim, com relação aos custos iniciais, é muito mais barato contratar um fornecedor de 3PL do que comprar ou arrendar um armazém no mercado em que se deseja entrar. Outro benefício do 3PL é sua capacidade de gerenciar a logística em diversos mercados, pois os operadores logísticos não apenas enviam mercadorias para todo o país ou mundo, mas também apresentam capacidade de armazenamento, assim operam logisticamente em muitos mercados estrangeiros e domésticos.

Figura 3.3 – Logística

Hitch/Shutterstock

Desse modo, o 3PL alcança soluções inovadoras em tecnologias de dados ou operações sofisticadas de um armazém, sendo favorável ao modelo de negócios da empresa (Miranda, 2019). Entretanto, conforme destaca Grant (2013), há fatores que levam ao seu insucesso, sobretudo quanto ao erro estratégico na subcontratação, isto é, à falha na seleção do provedor de serviço 3PL, mas também ao gerenciamento ruim do relacionamento e à ausência de instrumentos de medição de desempenho que sejam convenientes e apropriados, mesmo que haja um acordo de serviço entre a empresa e o 3PL. Por esses motivos, é necessário que a escolha do provedor logístico seja realizada conscientemente, devendo a empresa observar se o 3PL pode oferecer o serviço não apenas naquele momento, mas também mais tarde, pois não é fácil encontrar um terceirizado que trabalhe corretamente e que tenha um custo-benefício aceitável.

Ainda, Miranda (2019) afirma que todas as vantagens oferecidas pelo 3PL não surgem do nada e, no decorrer do tempo, esse recurso pode tornar-se mais caro do que se a logística fosse administrada internamente, sobretudo quando as funções internas se encontram funcionando de modo eficiente. Um 3PL que não trabalhe de forma correta pode causar grandes perdas para seus clientes e, mesmo que o livre mercado afirme que o cliente insatisfeito pode, com facilidade, trocar de fornecedor, a realidade não é tão simples, pois a troca de fornecedores pode gerar muitos imprevistos e agravar a situação da empresa. Nesses casos, torna-se difícil até mesmo trazer a logística de volta para o seio da organização, uma vez que o departamento interno pode ter se afastado do mercado ou ter sido desmobilizado. Tal dificuldade de modificar o 3PL, ou de internalizar a logística, demonstra uma dependência desconfortável, principalmente se os preços ou a qualidade dos serviços não estão de acordo com o esperado.

Ballou (2006) informa que, passados alguns anos desde que o 3PL surgiu como uma alternativa para os gerentes logísticos, praticantes experientes em assuntos sobre terceirização organizaram 12 sugestões para ajudar a empresa a instituir uma relação de longo prazo e sucesso com PL, são elas:

1. Determinar os custos atuais da cadeia de suprimentos e os níveis de serviço a fim de comparar com a atuação do 3PL.

2. Constituir indicadores de desempenho indispensáveis e empregar a tecnologia apropriada a fim de aferir a informação recebida do 3PL.
3. Investir o tempo necessário para assegurar que a empresa e o 3PL estejam seguindo o mesmo alinhamento estratégico.
4. Instituir a confiança diante da concretização de promessas, atentando para os erros a fim de contorná-los, bem como partilhando as responsabilidades na medida adequada.
5. Estabelecer capacidades de gestão de relacionamentos, principalmente habilidades estratégicas e de gerenciamento de mudança organizacional, imprescindíveis para a condução do relacionamento com o 3PL.
6. Realizar a avaliação de desempenho do 3PL em relação aos custos, bem como analisar a contribuição do 3PL para o aumento nas vendas.
7. Tratar o 3PL como parceiro, e não como um prestador de serviço comum.
8. Comunicar-se de maneira aberta e honesta.
9. Compartilhar tanto o risco quanto a recompensa.
10. Reconhecer o esforço empreendido pela equipe do 3PL, ao trabalhar em benefício da empresa.
11. Buscar superar as ocasiões de crise, em vez de trocar continuamente de provedores.
12. Analisar os limites do aprimoramento do desempenho à medida que o relacionamento amadurece.

Grant (2013), por fim, cita algumas técnicas que podem ser utilizadas para reduzir as desvantagens dos serviços do 3PL, como: diminuir o número de 3PL usados; reduzir os prazos dos contratos firmados com 3PL; tornar-se um usuário de serviço compartilhado; exercer um acompanhamento mais cuidadoso com o 3PL; envolver o 3PL no projeto do sistema de logística da empresa; e estabelecer relacionamentos e parcerias mais fortes.

3.1.2 4PL

O acesso a diversos prestadores de serviços especializados em atividades logísticas distintas, a terceirização de atividades com maior número de elementos informacionais e a demanda por um serviço *one-stop* têm levado ao desenvolvimento de empresas especializadas em coordenar esses múltiplos provedores de serviços.

Na literatura recente, tais empresas são conhecidas como ***integradores logísticos*** ou ***quarteirizadores*** (*fourth-party logistics* – 4PL), sendo responsáveis por coordenar uma gama de 3PLs, de modo a fornecer ao cliente uma visão completa do fluxo logístico. O 4PL é utilizado para aperfeiçoar o serviço de resposta ao cliente de forma personalizada e flexível, gerindo operações logísticas complexas. Ele funciona como único operador diante do cliente, mesmo que, depois, tenha de recorrer a empresas externas, as quais contrata para realizar operações determinadas.

O 4PL surgiu para auxiliar o aumento das exigências das atividades logísticas, com vistas a empregar melhorias nos sistemas de informação e preencher a lacuna existente na crescente busca da integração da cadeia de suprimentos, ou seja, ele não somente traz soluções completas de gerenciamento, mas também acrescenta mais valor à cadeia.

Desse modo, o 4PL (Figura 3.4), ou a quarteirização logística, trata-se de um componente integrador da cadeia de suprimentos que reúne e gerencia recursos, capacidade e tecnologias próprias e de outros prestadores de serviços, a fim de oferecer uma solução extensa à cadeia de suprimentos, ajustando as capacidades da consultoria de gestão e da tecnologia de informação com as dos provedores de serviços logísticos terceirizados (3PL) (Gatti Junior, 2009).

Figura 3.4 – 4PL

4PL
- Integra a cadeia de suprimentos
- Reúne e gerencia recursos

Esse operador logístico, segundo Miranda (2019), integra toda a cadeia de suprimentos, sendo essencialmente um desenvolvimento do 3PL, e atua na gestão de recursos, capacidades e informação, ajustando capacidades de consultoria e de gestão da tecnologia da informação (TI). Sua responsabilidade baseia-se em gerir integralmente a cadeia de suprimentos do cliente, conforme as necessidades logísticas, ter controle econômico e financeiro dos processos, com vistas a otimizar a cadeia logística, e fomentar uma ampla responsabilidade se comparado ao 3PL. Bowersox et al. (2014) comenta que cabe ao 4PL organizar os serviços integrando, normalmente, os operadores 3PL de ativos terceirizados em benefício de seu cliente.

Cano e Silva (2018) entendem que o emprego da quarteirização compartilha a mesma vantagem da terceirização de um processo, pois a empresa volta sua atenção para o que é central em seu negócio, como a fabricação e a comercialização de produtos ou a prestação de serviços, aproveitando-se da especialização de um terceiro para alcançar menores custos e qualidade no desempenho das atividades da cadeia de suprimentos.

> *Os integradores logísticos gerenciam de modo centralizado toda a supply chain para uma organização, lançando mão do que há de melhor em termos de operadores logísticos, prestadores de serviços de tecnologia, especialistas da cadeia de abastecimento ou consultores, buscando assim oferecer uma solução única e integrada, o que não pode ser alcançado apenas por um 3PL. Dessa forma, ele torna-se uma entidade localizada entre um fabricante e o operador logístico, administrando o 3PL em benefício do fabricante e consequentemente reduzindo a importância do 3PL para a cadeia de suprimentos. (Souza; Moura, 2007)*

Para Grant (2013), o quarto provedor de serviços de logística (4PL) é uma ampliação do 3PL, mas resguarda traços distintivos, como:

- Trata-se de uma entidade separada, constituída como um *joint venture* ou firmada por um contrato de longo prazo entre o cliente primário e um ou mais parceiros;
- Atua como uma interface singular entre o cliente e os vários provedores de serviços logísticos;
- Gerencia todos os elementos da cadeia de suprimentos, idealmente;
- Pode ser formada por um grande prestador de serviços 3PL, que, dentro de sua estrutura, oferta serviços de logísticas executados por um 4PL.

Outra diferença entre um 4PL e um 3PL consiste no grau de emprego de TI e no nível de subcontratação. O 4PL baseia-se em informações, coordenando vários prestadores de serviços com base em ativos e em benefício de seus clientes. Consequentemente, um 4PL emprega TI e técnicas de comunicação a fim de obter vantagem competitiva na cadeia de suprimentos. Em razão dessa necessidade, vários operadores logísticos têm procurado elevar sua capacidade para atender às novas demandas do mercado, e, com isso, estabelecer mais parcerias, bem como investir em novas tecnologias (Gomes; Ribeiro, 2013). Essencialmente, o 4PL busca determinar soluções abrangentes para a cadeia de suprimento no lugar de meramente aperfeiçoar a eficiência da operação física logística (Grant, 2013).

Para Vivaldini (2019), a capacidade de soluções do 4PL compreende reconhecer as melhores opções de transporte, gestão de inventário, localização e operação de armazéns etc. associadas a uma cadeia de suprimentos. Sua responsabilidade é gerar valor por meio dos agentes da cadeia de suprimentos, para tanto, angaria recursos, estabelece competências, oferece serviços flexíveis que são estruturados por suas competências adicionais diante da rede de relacionamento. O 4PL tem de ser flexível a fim de responder a uma economia em permanente transição, sendo resiliente em se adequar a um ambiente cada vez mais agitado.

O 4PL é, portanto, um provedor de serviço logístico com recursos próprios, mas também pode integrar meios de outros provedores logísticos. Diante do cliente, ele é tido como operador único, contudo, para realizar todas as atividades que lhe são facultadas, muitas vezes subcontrata recursos de empresas externas. O prestador de serviços do tipo 4PL elabora apenas um contrato que conduz e integra todos os tipos de recursos necessários, inspeciona, administra e fiscaliza todas as funções dos 3PLs subcontratados, por exemplo (Gomes; Ribeiro, 2013).

> *4PLs atuam como interface e um único ponto de contato entre as partes, compartilham os riscos com os clientes e oferecem serviços múltiplos, apresentam novas técnicas e suporte constante. O capital humano do 4PL é representado pelo conhecimento e habilidades de seus profissionais, podem atuar como consultores contribuir para estratégias que melhoram o desempenho das operações logísticas, devem ser criativos, no sentido de estarem em constante busca de novos conceitos e técnicas organizacionais para encontrar oportunidades para seus clientes.*
> *(Vivaldini, 2019, p. 178)*

A essência de um 4PL, conforme Grant (2013), é idêntica à de uma parceria logística líder (*lead logistics provider* – LLP), que corresponde a uma empresa que organiza outras parceiras 3PL na subcontratação de funções logísticas. Entretanto, um 4PL combina, em sua própria organização, os recursos e as capacidades de líderes como os das agências externas e, basicamente, controla toda a cadeia de suprimento para o cliente.

Exercício resolvido

O prestador de serviço logístico 4PL surgiu como uma extensão ou evolução do 3PL, integrando toda a cadeia de suprimentos. O 4PL conta com recursos próprios, mas pode subcontratar outros provedores logísticos na busca pela otimização dos serviços oferecidos, com vistas a agregar valor competitivo às empresas. Assim, um 4PL fornece:

a. serviços logísticos que regulam atividades próprias, contudo, tais serviços são realizados por diferentes empresas dentro de um mesmo contexto organizacional.
b. serviços integrados de roteirização, *Milk Run*, armazenamento, *cross docking* etc. para todos os parceiros.
c. serviços de logística relativos ao compartilhamento de informações, armazenamento, faturamento e transportes para terceiros.
d. serviços de integração logística, nos quais são reunidos e gerenciados recursos, capacidades e tecnologias próprios, bem como de outros prestadores de serviços logísticos, controlando toda a cadeia de suprimentos de um único cliente.
e. serviços de integração global mediante interação e integração de toda a cadeia de suprimentos de vários clientes.

Resposta: (d). O 4PL é um integrador logístico que reúne e gerencia recursos, capacidades e tecnologias próprias e de outros prestadores de serviço. Ele é responsável por toda a cadeia de suprimentos em benefício de seu cliente, coordenando os vários 3PL subcontratados e fornecendo ao cliente uma visão completa do fluxo logístico.

Grant (2013) lembra, ainda, que um 4PL também adota o papel de líder na formação de valor, quando, por exemplo, responsabiliza-se pela montagem de mercadorias finalizadas em nome de clientes. A atuação do 4PL é, de certo modo, digital, isto é, não apresenta nenhum ativo como um 3PL, mas utiliza fortemente tecnologia e *softwares* para gerenciar os processos de subcontratadas e de cadeias de suprimentos.

De acordo com Win (2008), as principais razões que levam uma empresa a decidir pela terceirização e a adotar o 4PL são:

- aumentar o volume ou marcas de produtos;
- diminuir estoque em excesso, combinado com o aperfeiçoamento do nível de serviço ao cliente;
- ampliar a demanda por informações pertinentes à cadeia de suprimentos;
- reorientar o negócio sobre os principais valores de *marketing* e vendas;
- precisar a previsão de demanda.

Como sabemos, esse tipo de integrador logístico efetua um contrato único pelo qual gere e integra todos os tipos de recursos indispensáveis, bem como inspeciona, administra e fiscaliza todas as funções dos 3PL subcontratados. Por isso, consegue atuar em um espaço geográfico amplo, uma vez que alcança lugares remotos em um curto espaço de tempo, em condições apropriadas e a um custo relativamente mais baixo (Rocha; Sousa, 2017).

O 4PL é capaz de operar de distintas formas, a depender de seu cliente, podendo ser contratado para gerir um grupo de funções ou até mesmo coordenar toda a cadeia de suprimentos. Tendo em vista seu alcance, Vivaldini (2019) ressalta que é preciso cultivar competência e capacidade para estruturar e integrar os diferentes prestadores (1PL, 2PL e 3PL), a fim de otimizar recursos no cumprimento dos serviços, o que traz benefícios à cadeia e, consequentemente, aos clientes.

3.2 Armazéns compartilhados

O armazenamento de mercadorias tem sido uma ação estratégica empregada na cadeia de suprimentos a fim de diminuir os custos e elevar os níveis de serviços oferecidos aos clientes, mantendo, assim, a competitividade.

Para Rodrigues (2007, p. 67) as instalações de armazenagem correspondem a "um complexo de espaços, em áreas cobertas e descobertas, destinadas a receber, armazenar e proteger adequadamente as mercadorias soltas ou embaladas, de diferentes tipos, características e naturezas, oferecendo total segurança de manuseio às pessoas e equipamentos de movimentação".

Atualmente, o armazém (Figura 3.5) não é apenas um espaço onde são guardados produtos, mas é parte integrante e fundamental do sistema logístico da organização. Desse modo, as operações têm de cumprir com certas finalidades por meio da potencialização de recursos e do delineamento de objetivos estratégicos, que constituem e acrescentam valor ao sistema logístico.

Figura 3.5 – Armazém

Miranda (2019) aponta que a armazenagem desempenha dois papéis importantes relacionados à logística:

1. **Função operacional**: recepciona, guarda e expede materiais. Ao compartilhar informações, auxilia a gestão e mantém os clientes informados sobre o andamento dos processos logísticos.
2. **Função estratégica**: agrega valor aos clientes e alcança benefícios competitivos para a cadeia de suprimentos.

As estratégias de armazenagem e seus instrumentos de coordenação abarcam uma série de alternativas às empresas que precisam de um ambiente físico para guardar produtos. Assim, é possível atender às necessidades específicas de cada organização, conforme a atividade, as condições de custo, o risco e o envolvimento gerencial. O desenvolvimento estratégico da armazenagem depende, basicamente, da estratégia geral adotada pela empresa, uma vez que a armazenagem atua em sintonia com outros setores da logística, como distribuição, transporte, sistemas de informação, atendimento ao cliente etc.

Grant (2013) menciona que existem três tipos de armazéns, a saber:

1. **Armazém próprio**: operado pela empresa proprietária, ou seja, esta assume todos os custos operacionais e de capital.
2. **Armazém contratado**: pertencente a uma 3PL e por ela operado em nome de um único cliente.
3. **Armazém público**: pertencente a uma 3PL e por ela operado em nome de vários clientes.

No caso de armazéns públicos ou contratados, os clientes pagam por sua utilização, e esse pagamento pode ser de acordo com uma taxa de armazenagem, como uso de *pallet* por semana, taxa de produtividade por *pallet* que entra e sai do armazém, ou a área, por metro quadrado, usada na semana (Grant, 2013).

Como destacamos inicialmente, os armazéns e depósitos deixaram de ser locais de acomodação de produtos e mercadorias para se tornarem **centros de distribuição** (CD) (Miranda, 2019). Silva (2018) afirma que o CD é formado por armazéns que consolidam produtos de múltiplos fornecedores a fim de proceder à entrega. Ele pode ser próprio ou terceirizado e, normalmente, situa-se próximo aos pontos de abastecimento ou comercialização. O uso desse recurso busca facilitar o transporte de lotes maiores do fornecedor ou da fábrica para o CD, otimizando recursos e diminuindo custos de transporte e tempos de entrega. Logo, os centros de distribuição:

- garantem um melhor fluxo de produtos provenientes dos fabricantes para os múltiplos pontos de emprego desses bens;
- efetuam a movimentação e a entrega de bens de consumo;
- atuam como ponto de apoio buscando agilizar o atendimento das necessidades de diferentes unidades ou filiais de uma empresa, ainda que localizados em uma área geográfica afastada dos centros de produção.

Esse processo também visa atender, de forma adequada, a pequenos pontos de vendas, tais como padarias, lanchonetes, bares e restaurantes, que apresentam uma demanda permanente e contínua, com rápido giro de seus produtos, comumente de alta perecibilidade e com pequeno tempo de comercialização (Marques; Oda, 2012). Assim, o fato de o CD ter produtos à pronta entrega e estar mais próximo do cliente final faz com que esse trabalho seja altamente valorizado no mercado, assegurando uma gestão apropriada do fluxo de materiais e respondendo às demandas do cliente de forma precisa.

Venanzi, Lenadro e Silva (2019) citam um tipo de armazém denominado *armazéns 3PL*, que, na maioria das vezes, operam com o fornecimento de diversas empresas que optam por terceirizar essa competência pela falta de economia em escala na realização de suas operações de depósito. Bowersox et al. (2014) explicam que várias empresas frequentemente oferecem serviços de depósito complementados por outros serviços especializados. Com isso, quando as empresas utilizam esses depósitos independentes, duas vantagens significativas são alcançadas:

1. supressão do investimento de capital na construção do depósito;
2. capacidade de consolidar pequenos volumes para a entrega combinada de produtos com outras empresas que utilizam o mesmo depósito.

A consolidação de diferentes embarcadores possibilita uma eficiência do transporte que comumente não acontece quando as empresas enviam produtos de seus próprios depósitos. Também há muitos casos em que as empresas combinam depósitos independentes e próprios em suas redes de suprimentos (Bowersox et al., 2014).

Exemplo prático

O serviço de distribuição disponibilizado pela empresa Kane Is Able Inc. é um exemplo de colaboração de prestador de serviços integrados que oferece aos clientes de seu CD depósito compartilhado e serviço de entrega. Nessa empresa, as pequenas cargas de diferentes empresas de produção e processamento de alimentos, desde que

> sejam distribuídas a um único cliente, são combinadas em uma entrega consolidada por meio de um processo de distribuição compartilhado. Assim, alguns recursos são otimizados, como: menos caminhões e com capacidade máxima aproveitada, menos entregas e maior eficiência de manuseio (Bowersox et al., 2014).

A integração operacional e o compartilhamento de informação com clientes, centros de distribuição, transportadoras e, até mesmo, outros fabricantes que atendam ao mesmo cliente tornam-se ainda mais necessários dependendo do sistema de distribuição utilizado (Miranda, 2019). A construção de centros de armazenagem depende de investimentos elevados, uma vez que demanda espaço adequado, mão de obra disponível e estruturas físicas apropriadas, por isso o compartilhamento de armazéns se apresenta como uma alternativa que exige investimentos muito inferiores e oferece as mesmas vantagens de uma estrutura própria.

Os armazéns compartilhados (Figura 3.6) surgiram como uma resposta à busca pela otimização dos métodos de transportes e diminuição dos custos logísticos, de modo a tornar os espaços de armazenamento mais vantajosos. Esse tipo de armazém é comumente utilizado por operadores logísticos que, mesmo concorrentes, têm mercadorias complementares e que serão destinadas ao mesmo cliente ou grupo de clientes. Essa união torna os serviços mais eficazes, sendo uma vantagem para fabricantes e fornecedores 3PL.

Figura 3.6 – Armazéns compartilhados

Vectorpocket/Shutterstock

Bortolli et al. (2018) elencam algumas vantagens do compartilhamento de armazéns, quais sejam:

- pagamento apenas dos volumes e serviços requisitados, assim não há despesas extras em períodos instáveis de faturamento;
- diminuição dos custos fixos com mão de obra e demais gastos com o local, pois essas despesas são divididas entre todos os que compartilham o imóvel;
- otimização do atendimento logístico aos clientes mediante eficiência e agilidade dos processos.
- posição estratégica dos centros de armazenagem, gerando maior valor agregado aos produtos.

Os segmentos que mais utilizam esses centros de compartilhamento, voltados, sobretudo, para cargas secas fracionadas, são a indústria de bens de consumo, os operadores logísticos e o setor supermercadista (Bortolli et al., 2018). Um ponto fundamental entre os envolvidos é prezar pelo bom relacionamento, baseado em diálogos sobre o modo de funcionamento da parceria, devendo ficar claros os objetivos a serem alcançados individualmente pelas partes.

3.3 Condomínios logísticos

Os condomínios logísticos, também chamados de *centros de distribuição avançados*, sucederam como uma forma de diminuir custos relativos ao transporte e à armazenagem, buscando otimizar os serviços em prol da competitividade por meio da garantia de eficiência. Eles correspondem a instalações de armazenagem que oferecem um rápido atendimento por intermédio da concentração de operações em único lugar, motivo pelo qual conseguem reduzir custos, uma vez que recebem carregamentos de forma consolidada.

Para Mendes (2020), os condomínios logísticos, se comparados ao CD, são mais espaçosos e com mais infraestrutura, pois são ambientes de armazenagem, distribuição, consolidação de cargas e transbordo de veículos e têm como finalidade suprir a demanda de operadores logísticos, transportadoras, indústrias e varejistas. Assim, a rotina dos condomínios logísticos é diferente da do CD comum, já que, em seu espaço, ocorrem mais operações e de forma mais acentuada, por isso precisam de uma estrutura que suporte a realização dessas funções.

Mariante (2017, p. 21) define os condomínios logísticos como:

> *Áreas de armazenagem de forma consolidada ou segregada, utilizando espaços que podem ser divididos com várias empresas, ou utilizados por única empresa, com o objetivo de atender demanda ou proporcionar ganhos de escala para operadores logísticos, transportadoras, indústrias e varejistas, atendendo necessidades de armazenagem, distribuição, consolidação de cargas e transbordo de veículos.*

Os condomínios modernos disponibilizam locais modulares e espaçosos, com pé direito de 10 m a 12 m, pisos que suportam grandes pesos, refeitórios, salas de reunião, ambulatórios, lugares para descanso e lazer para os motoristas, entre outras vantagens. Os custos referentes a limpeza, segurança, manutenção, portaria, gestão administrativa e outros serviços compartilhados são divididos entre os condôminos (Brandalise, 2017).

Segundo Dias (2021), os condomínios logísticos podem ser classificados em dois tipos:

1. **Flex**: usados por uma ou várias empresas, por isso são construídos de forma a atender diversos clientes.
2. **Monousuário**: usados apenas por um cliente, por isso são construídos atendendo a certas especificidades.

Mendes (2020) explica que o grande diferencial do condomínio logístico é o compartilhamento de serviços (Figura 3.7) integrados em um mesmo ambiente. Dessa forma, com a oferta de serviços em uma única infraestrutura, as empresas desfrutam de múltiplas vantagens, gerando segurança e comodidade, e as despesas dos serviços oferecidos no empreendimento são rateadas entre todos os locatários.

Figura 3.7 – Compartilhamento de serviços

Assim, é fácil perceber que os centros de armazenagem deixaram de ser vistos, ao longo tempo, como um espaço que somente guarda mercadorias, transformando-se em estruturas de processamento que dispõem de inúmeras atividades.

Exercício resolvido

Sobre os condomínios logísticos, analise as afirmativas a seguir.

I. Os condomínios logísticos são semelhantes ao CD, ou seja, compartilham a mesma infraestrutura e o mesmo tamanho, o que os diferencia é o tipo de produto armazenado e o nicho de mercado atendido.

II. Os condomínios logísticos atendem somente uma empresa e armazenam diversas mercadorias, sempre realizando parcerias de transporte e ajustes econômicos.

III. Os condomínios logísticos disponibilizam um atendimento rápido por meio da concentração das operações em um único lugar. Essa dinâmica favorece a redução de custos e a otimização da produtividade dos serviços oferecidos.

Assinale a afirmativa correta:

a. As afirmativas I e III são verdadeiras.
b. Apenas a afirmativa III é verdadeira.
c. As afirmativas I e II são verdadeiras.
d. As afirmativas II e III são verdadeiras.
e. Todas as afirmativas são verdadeiras.

Resposta: (b). Os condomínios logísticos são espaçosos e dotados de uma infraestrutura complexa. Nele são realizadas diversas operações, podendo ser oferecidos serviços como portarias, segurança, estacionamento, refeitório etc. Tais espaços podem ser divididos entre várias empresas ou usados apenas por uma delas, cujas necessidades de armazenamento, distribuição, consolidação e transbordo de cargas são plenamente atendidas. Nesse sentido, os condomínios logísticos, por meio de sua infraestrutura e execução de variadas atividades, facilitam negociações e satisfazem as necessidades de seus clientes a um custo menor, uma vez que é dividido entre todos que utilizam o imóvel.

De acordo com Sobreira (2012), os condomínios logísticos podem ter duas finalidades: especulativa e *build to suit*. O **condomínio especulativo** aluga o galpão já acabado, a empresa indica o tamanho e o *layout* necessários. Uma de suas vantagens é a formalização de contratos menores, podendo estender esses acordos. Contudo, pode apresentar algumas insuficiências operacionais, uma vez que a construção do espaço era preexistente, além disso, o aluguel desse tipo de condomínio costuma ser mais caro. Já o ***buil to suit*** consiste em um imóvel arquitetado sob medida para o locatário, cujas despesas com compra de terrenos e materiais, elaboração de projetos, e mão de obra ficam a cargo do empreendedor. Suas maiores vantagens são construir um imóvel de acordo com as exigências da empresa e, posteriormente, arcar com aluguéis mais baratos. No entanto, esse tipo de condomínio costuma formalizar contratos mais longos e não estendê-los além do tempo acordado.

Muitas empresas que movimentam seus produtos por meio do aluguel de armazéns utilizam estruturas em condomínios para efetuar as operações com pessoal próprio. A procura por condomínios logísticos que tenham imóveis com as especificações necessárias é orientada pela busca do aperfeiçoamento das atividades desenvolvidas pelas empresas. Desse modo, cada vez mais os investidores empenham-se em proporcionar serviços atrativos aos locatários, construindo espaços sob medida (*built to suit*) a fim de atender às necessidades dos clientes (Brandalise, 2017).

Brandalise (2017) destaca que as principais atividades realizadas dentro dessas estruturas logísticas são os serviços de armazenagem, o *cross docking* e a consolidação de cargas, acompanhados pela montagem de *kits* de conjuntos e embalagem.

O que é?

O *cross docking* envolve diversos fornecedores que realizam entregas para clientes em comum sem, no entanto, ampararem-se no armazenamento convencional: chegam caminhões com cargas completas de variados fornecedores, e, na sequência, os pedidos são separados e as cargas são movimentadas da área de recebimento para a área de expedição, sendo deslocadas diretamente para os clientes.

As organizações que já utilizam condomínios logísticos não apontam somente uma única vantagem, por exemplo sua localização estratégica, mas também lhes são caros os serviços de limpeza, de estacionamento e de segurança, bem como a alta qualidade oferecida. Segundo Brandalise (2017), os investimentos em condomínios logísticos compreendem alguns aspectos que demandam capacidade financeira suficiente para arcar com o retorno do investimento, como a compra de um terreno apropriado, pois a localização é considerada um fator decisivo para a instalação de condomínios logísticos, além da aquisição de licenças ambientais e de prefeituras e, claro, da construção do condomínio.

Esses condomínios são distribuídos em áreas estratégicas do território, de fácil acesso às principais rodovias e próximas às regiões industriais. Estão interligados à cadeia produtiva industrial, favorecendo a passagem da produção e agilizando a reprodução do capital. Portanto, eles favorecem o aproveitamento dos espaços e entregam mais praticidade e agilidade às operações logísticas, assim a cadeia produtiva passa a ser mais eficiente, e o processo de produção, mais acelerado, o que exige mais rapidez e maior integração de toda a cadeia logística (Mendes, 2020).

Brandalise (2017) lembra, ainda, que o mercado de condomínios logísticos está em fase de amadurecimento e de ampliação no Brasil. Por isso, as empresas desenvolvedoras desses empreendimentos devem investir na profissionalização, assegurando ao cliente o máximo de eficiência. Outro fator crucial é quanto à escolha da modulação, se mais robusta ou um pouco menor, a fim de atender indústrias que procuram os condomínios logísticos como área de armazenagem externa ou varejo com cargas fracionadas. A autora ressalta que a segmentação por nichos de mercado pode acontecer no futuro, por enquanto, a tendência é ser generalista.

3.4 Plataformas logísticas

As plataformas logísticas surgem, por um lado, da necessidade de organizar adequadamente o abastecimento de suprimentos das indústrias e, por outro, de fazer com que a distribuição dos produtos fabricados obedeça a uma lógica racional. Além disso, essas plataformas permitem o aproveitamento da localização estratégica de determinadas regiões próximas a grandes centros consumidores (Razzolini Filho, 2012). Para Dubke (2006, p. 50), as plataformas logísticas sobrevêm de

> macro unidades logísticas que reúnem uma variedade de serviços de valor adicionado, a um menor custo, localizadas em pontos estratégicos, sendo, portanto, parceiros na continuidade dessa internacionalização.

> [...] plataformas logísticas são pontos ou áreas de rupturas das cadeias de transporte e logística, nos quais se concentram atividades e funções técnicas e de valor adicionado [agregado].

Assim, tais plataformas correspondem a espaços definidos e posicionados de forma estratégica, constituindo uma estrutura de integração que tem como finalidade reunir e melhorar a distribuição e a eficiência dos processos, dos quais, para tanto, fazem parte diferentes operadores logísticos para a execução das atividades referentes à logística e à distribuição nacional ou internacional dos produtos, reduzindo o fluxo e os custos associados.

As plataformas logísticas (Figura 3.8) e os condomínios logísticos referem-se a um ambiente com serviços integrados em um mesmo terreno, contudo, esse espaço está interligado a um modal de transporte, seja ferroviário, aeroviário, marítimo ou hidroviário (Mendes, 2020).

Figura 3.8 – Plataformas logísticas

Razzolini Filho (2012) descreve a plataforma como uma infraestrutura logística multimodal que leva em consideração a possibilidade prática da intermodalidade de transportes; o suporte de recursos de telecomunicações; os recursos de tecnologia de informação; e o apoio comercial. Desse modo, a plataforma logística é uma estrutura ajustada às necessidades reais dos usuários e deve ser dimensionada conforme o local de instalação depois de seu impacto ter sido cuidadosamente estudado. Logo, seu propósito é atender às necessidades das empresas, dos fornecedores, dos distribuidores e dos consumidores, tendo como intuito reduzir custos, fornecer informações de modo rápido e garantir maior velocidade na circulação de mercadorias (Josef, 2019).

O que é?

O **intermodal** e o **multimodal** combinam dois ou mais modais para alcançar benefícios específicos e, assim, oferecer um serviço integrado por um custo total mais baixo.

Mendes (2020) cita algumas características das plataformas logísticas, a saber:

- são aproveitadas por múltiplas empresas, e seu controle pode ser realizado pelo Estado em parceria com a iniciativa privada;
- sua função extrapola o simples armazenamento e a distribuição de mercadorias;
- são pontos ou áreas de rompimentos das cadeias de transporte e logística, nos quais se reúnem atividades alfandegárias.

Para Calderón e Pastor Antolín (2002, p. 18, tradução nossa), a plataforma logística corresponde, seguramente, "a maior diversão das infraestruturas modais", estabelecendo um espaço demarcado em que distintos operadores efetuam a totalidade ou grande parte das atividades relacionadas ao transporte, à logística e à distribuição de mercadorias, tanto para tráfego nacional quanto internacional. As plataformas logísticas devem apresentar terminais intermodais, de intercâmbio marítimo-ferroviário-rodoviário, pois sua articulação é extremamente operativa com um terminal ou centro de carga aérea.

Rosa (2005) explicita que, para cada tipo de terminal, existe um agrupamento de valor agregado possível de ser realizado em maior ou menor grau, permitindo a transformação dos terminais em plataformas logísticas. As categorias elencadas pela autora são:

- terminal de recebimento ou despacho da mercadoria;
- terminal de transbordo de carga;
- terminal intermodal;

- terminal intermodal com serviços de nível I;
- terminal intermodal com serviços de nível II;
- terminal intermodal com serviços de nível III;
- terminal intermodal com serviços de nível IV;
- terminal intermodal/multimodal de serviços de nível V.

Esses terminais podem oferecer serviços de transporte, movimentação, manutenção, gestão, produção, montagem e acabamento, além de serviços de informação. Assim, de acordo com a quantidade de serviços oferecida, os terminais agregam maior ou menor valor, bem como sobem ou descem de nível. Os níveis aumentam até alcançar características referentes a uma plataforma logística intermodal/multimodal.

A constituição das plataformas logísticas permite distribuir, de forma equilibrada, atividades econômicas dentro de determinadas regiões, com base em um plano apropriado de ocupação de espaços geográficos, evitando-se a centralização da produção econômica apenas em volta dos grandes centros (Razzolini Filho, 2012). De modo geral, segundo Mendes (2020), as plataformas possibilitam aos agentes não apenas ampliar a velocidade dos fluxos materiais e imateriais, mas também controlar a concentração desses fluxos, bem como redirecioná-los para outros pontos da rede logística.

A integração do fluxo físico de mercadorias acontece de acordo com o fluxo de informações. Desse modo, uma plataforma logística com um bom planejamento e gerenciamento permite a integração e a comunicação, ao mesmo tempo, entre todos os agentes participantes do processo logístico, como indústrias, fornecedores, clientes, empresas importadoras e exportadoras, despachantes, aduaneiros, transportadores, armazenadores, além da Receita Federal (Razzolini Filho, 2012).

Exercício resolvido

Analise as afirmativas a seguir e marque V para as verdadeiras e F para as falsas.

( ) As plataformas logísticas são ambientes com serviços integrados que, obrigatoriamente, apresentam um modal de transporte marítimo.

( ) As plataformas logísticas devem ser dimensionadas de acordo com a localidade em que são instaladas, tendo sido estudados, anteriormente, seus possíveis impactos.

( ) Planejamento e gerenciamento adequados geram integração e comunicação entre todos os envolvidos no processo logístico.

( ) Nas plataformas logísticas são realizadas uma gama de atividades referentes ao transporte, à logística e à distribuição de atividades de alcance nacional.

Assinale a alternativa que apresenta a sequência correta:

a. V, V, F, F.
b. V, F, V, F.
c. F, V, V, F.
d. F, F, V, F.
e. V, V, V, F.

Resposta: (c). Nas plataformas logísticas são realizados vários serviços integrados, assim como nos condomínios logísticos, entretanto, o espaço está interligado a um modal, não necessariamente o marítimo, podendo ser ferroviário, aeroviário ou, até mesmo, hidroviário. As atividades ou os serviços executados nas plataformas logísticas estão inseridos em relações regionais, nacionais e internacionais.

Josef (2019) elenca alguns pontos fundamentais para a implantação de plataformas logísticas, como a localização estratégica diante das necessidades conferidas pelo mercado com relação ao suprimento e à passagem de mercadorias; e a oferta de ambientes que sejam grandes, acessíveis aos diferentes modais de transporte e que possam acolher uma complexa infraestrutura de vias, CD, pátios de manobra e estacionamento de veículos, além de uma extensa quantidade de equipamentos e instalações de apoio a operações. Logo, a função primeira da plataforma logística é, por meio da oferta de melhores condições de infraestrutura e posição geográfica, agrupar atividades que facilitem a circulação de mercadorias, constituam fluxos de mercado e organizem fluxos de transporte.

Razollini Filho (2012) explica que uma plataforma logística desempenha importantes impactos na região onde se instala, visto que impulsiona a economia regional ao estabelecer critérios para a instalação de empresas industriais e comerciais; gera empregos, melhorando, portanto, a distribuição de renda; propicia maior integração regional, tendo em vista a prática de transportes intermodais e a interiorização do desenvolvimento, ou seja, essas plataformas são inseridas em pontos estratégicos do país. Dessa forma, esses espaços unem redes logísticas, centralizam atividades e concentram componentes suficientes para promover a eficiência da cadeia logística, estimulando, assim, a elevação dos negócios e a entrada em novos mercados, o que gera empregos e, ao mesmo tempo, impulsiona toda a cadeia de atividades logísticas. Tais plataformas englobam zonas logísticas de empreendimentos e infraestruturas de transportes importantes para a gestão da economia, uma vez que fomentam a competitividade entre as empresas, isso porque as necessidades dos clientes (indústrias e distribuidores) têm sido elevadas e precisamente atendidas.

Boudouin (1996) distingue a plataforma logística em três subzonas com funções específicas:

1. **Subzona de serviços gerais**: local com diversos ambientes, como área de recepção e de alimentação; área destinada às máquinas; áreas de abastecimento; áreas de estacionamento; e áreas de serviços de alfândega.
2. **Subzona de transportes**: local que compreende a infraestrutura de grandes eixos de transporte. É de grande valia que a plataforma seja multimodal e tenha transporte rodoviário, ferroviário, marítimo e aéreo.
3. **Subzona destinada aos operadores logísticos**: local de prestação de serviços como fretamento, corretagem, assessoria comercial e aduaneira, armazenagem, transporte e distribuição.

Para saber mais

Recomendamos a leitura do artigo a seguir, em que a autora desenvolve um mapa estratégico para analisar a possível implantação de uma plataforma logística. O estudo demonstra os custos e as vantagens que podem ser obtidos dos processos de movimentação de mercadorias, ponderando sobre os objetivos estratégicos almejados em relação aos gastos logísticos.

DUARTE, P. C. Plataforma logística: desenvolvimento de um mapa estratégico para medir os benefícios com sua implantação. **Revista Gestão Industrial**, v. 5, n. 3, p. 41-54, 2009. Disponível em: <https://periodicos.utfpr.edu.br/revistagi/article/view/417>. Acesso em: 5 jun. 2021.

Como a plataforma participa de relações comerciais regionais, nacionais e internacionais, seu posicionamento é definido como estratégico, uma vez que facilita a interligação entre grandes eixos, além de estar introduzida em um meio social e econômico benéfico (Mendes, 2020). Logo, o poder público deve incentivar e participar ativamente da criação de plataformas logísticas, investindo em sua infraestrutura operacional, para tanto, pode promover parcerias público-privadas (Cano; Silva, 2018).

Síntese

Neste capítulo, concluímos que:

- Os operadores logísticos 3PL são responsáveis por conduzir as atividades logísticas integrando a cadeia logística, podendo atuar em todo o processo ou apenas em parte dele, mas sempre com o intuito de buscar resultados mais satisfatórios conforme as necessidades do cliente.
- Os integradores logísticos 4PL são um tipo de evolução do 3PL, sendo responsáveis não apenas pelas operações logísticas, mas também por gerenciar e aperfeiçoar o serviço de resposta ao cliente, atendendo cada qual de forma personalizada e flexível.
- O compartilhamento de armazéns surge como uma forma de diminuir custos e otimizar serviços por meio da localização estratégica, o que garante um melhor fluxo de produtos e uma maior eficiência do transporte de mercadorias até o cliente final.

- Os condomínios logísticos são espaços de armazenagem que concentram vários serviços, como vigilância, estacionamento, alimentação, serviços de limpeza, entre outros. Além disso, eles podem ser desenvolvidos de acordo com as exigências do cliente, como no caso de condomínios *built to suit*, ou ser construídos de forma genérica, com vistas a atender a qualquer empresa que se disponha a alugar o espaço, como é o caso do condomínio especulativo.
- As plataformas logísticas também são espaços que oferecem vários serviços além do simples armazenamento, contudo, elas estão interligadas a um modal de transporte (ou a multimodais) – ferroviário, aeroviário, marítimo ou hidroviário.

Interação entre logística colaborativa e logística urbana

Conteúdos do capítulo:

- Logística colaborativa e distribuição urbana.
- Multimodalidade e uso de tecnologias de última milha.
- Novas formas de entrega e estrutura urbana.
- *Lockers*.
- Sustentabilidade e logística colaborativa.
- Legislações da logística urbana.

Após o estudo deste capítulo, você será capaz de:

1. identificar o papel da logística colaborativa na distribuição urbana;
2. repensar novas formas de entrega;
3. compreender o que são os *lockers*;
4. analisar as formas de aplicação da sustentabilidade na logística colaborativa;
5. discutir as legislações referentes à logística urbana.

A distribuição urbana de mercadorias vem enfrentando muitas mudanças decorrentes da busca por uma melhor qualidade de vida aliada ao aumento das entregas no espaço urbano. Por isso, as empresas se veem obrigadas a encontrar novas formas de satisfazer seus consumidores, visto que eles procuram cada vez mais rapidez e segurança no ato de suas compras. Assim, há um crescente na busca por empresas que tenham responsabilidades socioambientais, observem as leis e revelem diferenciais sustentáveis em seus processos. Esse alcance é incitado por *stakeholders* que vislumbram na sustentabilidade uma forma de reduzir custos e elevar a competitividade, mas, para que se torne uma vantagem competitiva, é necessário contar com parceiros que estejam a par do assunto, em constante atualização, inovando seus processos sem, com isso, danificar o meio ambiente, e, sobretudo, que estejam preparados para suprir as demandas de seus clientes como forma de se manter no mercado.

A colaboração entre os parceiros apresenta-se, portanto, como ponto crucial nesse processo, pois, juntos, podem buscar soluções adequadas para todos os envolvidos e, claro, para o meio ambiente.

capítulo 4

4.1 Logística colaborativa e distribuição urbana

A disponibilidade de produtos aos clientes depende de um amplo processo no qual estão envolvidos vários aspectos, como a mobilidade nas áreas urbanas. Nesse sentido, é preciso ponderar sobre os elevados níveis de congestionamentos ou, até mesmo, a ausência de vias para carga e descarga das mercadorias, o que atinge toda a cadeia de distribuição.

A mobilidade urbana é definida por Oliveira et al. (2018, p. 17, grifo do original) como "**condição de deslocamento de pessoas e mercadorias em áreas urbanas** [...] a distribuição urbana de mercadorias abrange as atividades de coleta e entrega de mercadorias em áreas urbanas". Portanto, podemos entender *distribuição urbana* como o emprego de veículos, de variados tipos e tamanhos, no recolhimento e na entrega de produtos dentro dos limites urbanos, o que demanda efetiva mobilidade urbana.

Diversos são os obstáculos enfrentados por empresas a fim de manter o fluxo das entregas de produtos. Oliveira et al. (2018) citam alguns desses problemas, como: passagens com dimensões impróprias para veículos de grande porte; desenhos viários que não suportam seu raio do giro; programação semafórica que não observa a velocidade de deslocamento de veículos pesados carregados; limitação horária e de circulação; elevada priorização do transporte de passageiros em detrimento do transporte de cargas; ausência de estacionamentos e/ou vias de carga e descarga.

Com o intuito de diminuir tais obstáculos, surgiu a **logística urbana**. Mukai et al. (2007) afirma que o termo *logística urbana* (Figura 4.1) transcende a noção de otimização no transporte de cargas, pois também está relacionado ao transporte de passageiro, além de abranger outros elementos, como os aspectos ambientais relativos ao congestionamento, à poluição, ao ruído, ao Consumo de combustível e às tecnologias não poluentes.

Figura 4.1 – Logística urbana

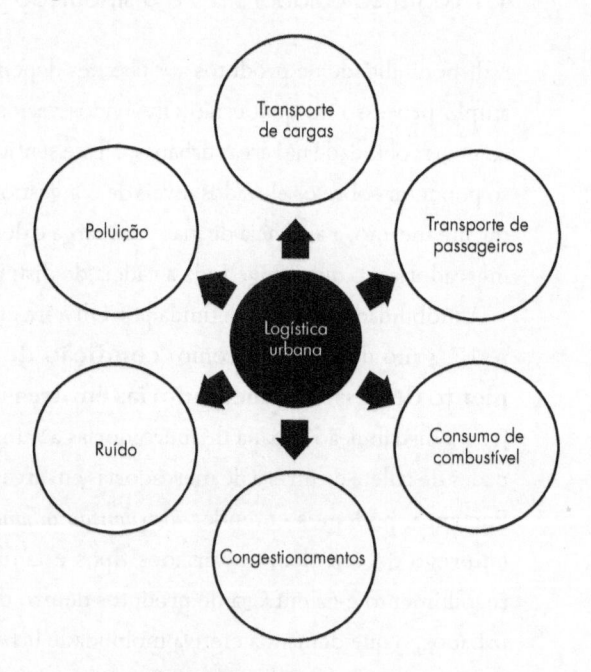

A logística urbana visa diminuir certos desgastes a fim de que o sistema seja mais efetivo. Para tanto, propõe soluções inovadoras para velhos problemas logísticos, de forma a aprimorar a qualidade da distribuição de mercadorias nos locais (Oliveira et al., 2018).

> *Devido ao grau de importância e impacto na vida das pessoas das áreas urbanas, seja em qualidade de entrega e disponibilidade de produtos, mas também em sustentabilidade e mobilidade, a distribuição urbana é um tópico tratado a nível global e liderado, principalmente, pelo ICL (Institute of City Logistics), que estuda impactos e alternativas para a logística urbana e trabalha em frentes mundiais de eficiência e sustentabilidade. (Adão, 2014, p. 6)*

O *city logistics* surge como um instrumento de aprimoramento da distribuição de mercadorias com vantagens diretas para todos os envolvidos no processo de coleta e entrega nos centros urbanos. Algumas noções que orientam seu funcionamento são: integração e parceria de diversos participantes na tomada de decisão; coordenação do planejamento e dos processos de decisão; carregamento de diversas mercadorias em um mesmo veículo (Ricciardi; Crainic; Storchi, 2003).

Barat (2007) explica que o *city logistics* corresponde à transferência de cargas para veículos menores entre operações integradas a seus destinos por meio de uso acentuado da tecnologia. Esses esforços têm como propósito permitir movimentação, com custos reduzidos, entre as distâncias de coleta ou distribuição final de mercadorias. Presume-se, no caso urbano, uma sucessão de fluxos de indivíduos, objetos e informações, de pontos a pontos. Tais fluxos, afirmam Mukai et al. (2007), devem suprir as necessidades de todos os participantes de maneira eficiente e efetiva. O *city logistics*, por meio de conceitos, análises e políticas, pode diminuir os congestionamentos e elevar a mobilidade, bem como reduzir a poluição e o grau de ruído, colaborando, desse modo, com o Protocolo de Kyoto (Ricciardi; Crainic; Storchi, 2003).

Com isso, para que as mercadorias sejam entregues ao cliente final no prazo acordado, é preciso elaborar um planejamento que considere a cidade como um todo e buscar por parceiros predispostos a executar atividades integradas entre operadores, consumidores e órgãos públicos. De acordo com Oliveira et al. (2018, p.18), "para reduzir as externalidades da distribuição de mercadorias, a logística urbana engloba a interação dos agentes da distribuição em meio a diferentes perspectivas". Os principais agentes são:

- **Embarcadores**: responsáveis por expedir produtos para empresas e pessoas e elevar, com o menor custo possível, o faturamento e a qualidade do atendimento ao cliente.
- **Clientes**: abrange empresas e usuários que recolhem produtos e privilegiam a confiabilidade da entrega.
- **Prestadores de serviços logísticos**: encarregados pelo fluxo de produtos entre embarcadores e clientes. Eles buscam reduzir os custos com recolhimento e entregas, empregando veículos com grande espaço para que carreguem volumes maiores, além de reunir recolhimentos e entregas por região, com o intuito de otimizar as rotas dentro do prazo máximo acertado.
- **População local**: indivíduos que residem ou trabalham na cidade e estimulam a economia local.
- **Administração pública**: acolhe as demandas dos operadores e é responsável pela gestão da cidade, abrangendo a mobilidade urbana, por meio de políticas públicas de planejamento e de implementação dos planos estratégicos necessários.

Exercício resolvido

Sobre a distribuição urbana e a logística colaborativa, analise as afirmativas a seguir.

I. Os operadores logísticos procuram otimizar as rotas de entrega, de modo a cumprir os prazos estabelecidos por meio do uso de veículos que comportam toda a carga.

II. A logística urbana volta-se somente ao transporte de cargas, ficando as demais questões a cargo da logística central, pois são de sua competência.

III. O *city logistics* é relativo ao armazenamento adequado das mercadorias no centro de distribuição (CD) e ao modo como essas mercadorias são destinadas a esses espaços, devendo obedecer a uma roteirização detalhada para garantir um bom desempenho.

Assinale a alternativa correta:

a. As alternativas I e III são verdadeiras.
b. Apenas a alternativa III é verdadeira.
c. Todas as alternativas são verdadeiras.
d. As alternativas II e III são verdadeiras.
e. Apenas a alternativa I é verdadeira.

Resposta: (e). Além do transporte de cargas, a logística urbana compreende vários elementos, como transporte de passageiros, consumo de combustível, nível de congestionamentos, entre outros. O *city logistics*, por sua vez, não está associado ao armazenamento no CD, mas diz respeito à transferência de cargas para veículos menores em uma operação integrada e com destinos predefinidos. Para tanto, utiliza-se largamente de ferramentas tecnológicas, com vistas a aprimorar a distribuição de mercadorias.

Assim, para enfrentar os problemas relacionados com o elevado fluxo de veículos nas ruas, as grandes cidades começaram a adotar medidas de restrição de tráfego, segundo as quais os veículos de cargas não podem transitar em determinadas localidades ou horários em razão de peso e de tamanho (Mendes, 2016). Diante dessas restrições, a **entrega noturna** surgiu como uma alternativa para que as empresas continuassem a cumprir com seu calendário de entregas. Alguns benefícios apontados pelas transportadoras e pelos motoristas, segundo Oliveira et al. (2018), foram:

- os veículos passaram a efetuar mais entregas em um mesmo período, o que reduziu os custos com combustível;
- mais facilidade em encontrar vagas normatizadas para cargas e entregas noturnas;
- mais segurança e menos estresse;
- pedestres e ciclistas usufruem de melhor qualidade de vida, uma vez que há menos intervenção de veículos de carga;
- a economia urbana é favorecida por menores custos de entrega e pelo emprego de tecnologias de baixo ruído;

Mendes (2016) explica que não é apenas a limitação de tráfego que tem estimulado a ocorrência de entregas noturnas, mas também as demandas causadas pela necessidade de entregas mais céleres, incentivadas especialmente pelo consumidor que faz compras *on-line*. Cada vez mais, os consumidores buscam empresas que façam a entrega em menor tempo, mas, para que isso ocorra, é necessário existir meios de distribuição urbana que auxiliem nesse processo. A agilidade dos transportes depende de algumas mudanças fundamentais, como o uso de novos veículos de cargas: o **veículo urbano de carga** (**VUC**), que possibilita acelerar as coletas e entregas de cargas fracionadas, pois não está incluído entre os veículos com restrições de tráfego, uma vez que se caracteriza como um utilitário de pequeno porte, auxiliando, assim, a mobilidade nos centros urbanos, bem como reduzindo o consumo de combustível (Mendes, 2016).

O centro de distribuição urbana (CDU) é uma das vias de mitigação das externalidades provocadas pelo transporte de mercadorias em centros urbanos e está relacionado com a restrição de acesso a determinadas áreas, zonas de baixa emissão ou entregas com o emprego de transporte não motorizado (Oliveira et al., 2018). Browne et al. (2005, citados por Oliveira et al. 2018) esclarecem que o CDU tem propósitos que abrangem:

- a diminuição dos coeficientes de tráfego urbano, amortecendo a movimentação de veículos de carga na área urbana por meio da consolidação ou transferência modal;
- a modificação do tipo de veículo empregado na distribuição urbana de mercadorias;
- a redução dos impactos ambientais relacionados às atividades que envolvem veículos de carga, por meio da diminuição do número de viagens ou do uso de veículos menos poluentes;
- o aperfeiçoamento da eficiência do transporte urbano de cargas, elevando os índices de uso dos veículos;
- a redução do estoque e das atividades logísticas no espaço urbano, o que pode ocasionar a elevação do volume de negócios em consequência da oferta de serviços com maior valor agregado pelo CDU, como a locação de ambientes para armazenamento.

Outra medida adotada são as faixas exclusivas de circulação de transportes de cargas. O Poder Público solicita que essas faixas sejam implementadas a fim de que os veículos de cargas pesadas fiquem separados dos demais veículos nas principais vias de circulação, evitando congestionamentos e melhorando o fluxo da via. Há, ainda, em bairros de grandes centros urbanos, espaços logísticos considerados **locais de acolhimento e distribuição de mercadorias**, e sua principal característica é executar a entrega utilizando veículos de baixa emissão de carbono, muitas vezes elétricos, ou então via transporte não motorizado.

4.2 Multimodalidade e uso de tecnologias de última milha

Atualmente, é mais comum ocorrer algum tipo de associação de modais, em razão, justamente, da ausência de flexibilidade de alguns meios de transporte, o que exige a junção de modais aéreo-rodoviário, ferroviário-rodoviário, marítimo-ferroviário ou marítimo-rodoviário (Castiglioni; Minetto Junior, 2014). A combinação entre dois ou mais modais em uma mesma remessa (origem e destino) pode caracterizar-se como uma multimodalidade ou intermodalidade.

Na **multimodalidade** a responsabilidade sobre o transporte está associada apenas a uma entidade, comumente um operador logístico ou um operador de transporte multimodal (OTM), em que somente um documento fiscal cobre todo o itinerário atravessado. Na **intermodalidade**, por sua vez, a responsabilidade pela operação é partilhada entre duas ou mais entidades, sendo expedidos vários documentos fiscais relacionados ao serviço de transporte. Nas duas circunstâncias, potencializam-se as racionalizações (custos, prazos, possíveis adequações), e tais práticas representam grandes oportunidades de se aprimorar o desempenho de transportes (Ayres, 2009)

Outro conceito muito adotado pelo comércio eletrônico se baseia **na entrega de última milha** (milha final, último quilometro ou quilômetro final), caracterizada como a movimentação de mercadorias de um ponto ou CD para o destinatário. O destino de entrega, normalmente, é uma residência (casa, apartamento) ou escritório e seu objetivo é chegar ao consumidor ou usuário final o mais rápido possível. A jornada da última milha está sempre relacionada a importantes desafios e, especialmente, a custos. Quando as entregas não são completas ou as rotas e os endereços estão errados, custos adicionais são incorporados na cadeia, diminuindo a competitividade (Bertaglia, 2020).

4.3 Novas formas de entrega e estrutura urbana

Sem dúvida, a logística é um componente vantajoso para o varejo, pois está interligada com a satisfação do consumidor final, podendo, assim, instigar a competitividade. Hoje em dia, ela ainda é vista como algo supérfluo, dispensável, mas não demorará para ser considerada essencial, uma condição de bom funcionamento para empresas que desejam manter-se ativas no mercado.

De acordo com Alvarenga e Novaes (2000), existem vários fatores responsáveis pelo destaque facultado à distribuição física dos produtos, sobretudo em virtude da constante exigência por melhores níveis de serviço no atendimento ao cliente, tendo em vista a alta concorrência entre as empresas. Esse **aperfeiçoamento qualitativo** é traduzido na prática por:

- entregas mais rápidas;
- confiabilidade, em razão do pouco ou nenhum atraso em relação ao prazo estipulado;
- disponibilidade do produto desejado na hora da compra;
- segurança, tendo em vista a baixa ocorrência de extravios ou produtos defeituosos.

Para se adaptar à constante evolução do mercado e às mudanças ocorridas nas estruturas urbanas, as empresas buscam atualizar-se e procuram novos meios para otimizar seus serviços de entregas, rastreando vantagens e possíveis aperfeiçoamentos. Hoje em dia, novas formas de entrega estão à disposição das empresas, cabe a elas utilizar a que lhe parece mais adequada às suas necessidades e às exigências de seu cliente, repensando, assim, sua interação com a logística urbana.

Segundo Stanton (2019), as empresas que têm como propósito competir com lojas convencionais e virtuais estão interessadas no desenvolvimento de um sistema integrado de atendimento ao cliente, chamado de *omnichannel*. Com o desenvolvimento do varejo multicanal, em que o consumidor pode obter produtos e serviços por meio de diversos canais, e do *marketing* integrado, que associa várias ferramentas do *marketing* com a finalidade de conquistar resultados e acrescentar valor à marca, o *omnichannel* passa a integrar importantes modificações no mercado, especialmente com relação ao comportamento dos consumidores (Alves; Baravelli, 2019).

Alves e Baravelli (2019) explicam que a palavra *omni*, de origem latina, significa "tudo, universal, algo que engloba todas as possibilidades e variáveis"; *channel*, por sua vez, significa "canal". Portanto, *omnichannel* pode ser traduzido por "todos os canais". O conceito é coerente e de fácil entendimento, pois a ideia central é de que as empresas expandam sua competência em integrar dados e informações de seus consumidores, considerando o percurso de compra nos diferentes canais disponibilizados pela marca, podendo, com isso, elevar a conversão. Tal recurso figura como significativa vantagem competitiva em relação aos concorrentes. Vale lembrar, porém, que o conceito extrapola seu sentido primeiro – estar presente em todos os canais de venda ou de comunicação –, uma vez que propõe uma convergência desses canais.

Assim, esse modelo reproduz a ideia de que, para o cliente, não deve existir diferenças entre as lojas físicas e virtuais, mas uma interligação entre os canais de forma simultânea, pois, se o consumidor já se interessou por um produto na internet, pode finalizar a compra na loja física, satisfazendo suas expectativas, o caminho contrário (interessar-se por um produto na loja física e comprá-lo virtualmente) é igualmente verdadeiro e satisfatório.

O *omnichannel* facilita o fechamento da compra e também evidencia as necessidades dos clientes, o que pode orientar a cadeia de suprimentos de uma empresa, já que, com base em uma cadeia de suprimentos *omnichannel*, o cliente pode comprar produtos *on-line* e devolvê-los em uma loja física (Stanton, 2019). Esse modelo, segundo Moraes (2018), é formado por três pilares básicos: (1) loja física, (2) *mobile* e (3) estudos de comportamento de consumo. A reunião desses três eixos traz não apenas novos conhecimentos para o cliente, mas também entrega, às empresas, traços do perfil de cada cliente segundo seus desejos, suas pesquisas na rede, suas preferências etc.

Figura 4.2 – Pilares *omnichannel*

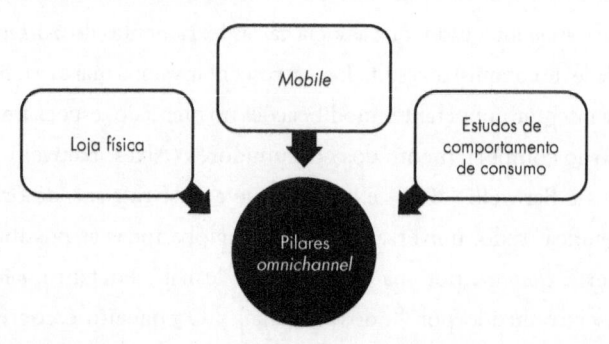

```
                    Mobile
    Loja física              Estudos de
                             comportamento
                             de consumo
              Pilares
              omnichannel
```

A proposta do *omnichannel* é permitir que o consumidor escolha em qual canal prefere efetuar cada uma das etapas desse processo (procurar, comprar e receber), podendo ou não se agrupar em um só local. Essa é uma escolha e decisão apenas do cliente, visto que a empresa proporciona diferentes alternativas (Alves; Baravelli, 2019). Logo, baseia-se em suprir as necessidades de compra do consumidor, no local e no momento escolhidos por ele, sem que exista limitação de horário ou localidade. Assim, é o cliente quem faz a ocasião ou a maneira mais apropriada, e a empresa permite isso mediante a integração de todos os canais. Essa é uma estratégia de negócios que se tornou praticável em virtude das cadeias de suprimentos digitais, que facultaram flexibilidade e compartilhamento excelente de informações em todas as etapas da cadeia voltadas ao cliente.

Stanton (2019) explica outro fenômeno que ocorre quando um cliente conhece os produtos em uma loja física, mas realiza a compra virtualmente: abordagem conhecida como **showrooming**. Isto é, o *showrooming* consiste na prática de o consumidor, primeiramente, ir até uma loja física e escolher o produto, mas não finalizar a compra, deixando essa atividade para ser concluída no mercado *on-line*, em busca de preços mais atrativos e tendo a comodidade de receber seu produto em casa. Geralmente, os consumidores também optam por esse tipo de compra em razão das condições oferecidas nas lojas virtuais, que, com custos de manutenção menores do que uma loja física, muitas vezes oferece um preço bem inferior.

Já o *click and collect* ocorre quando um consumidor compra o produto em uma loja virtual e vai buscá-lo em uma loja física. A partir do momento em que o cliente opta por ir até o estabelecimento recolher sua mercadoria, colabora para que a empresa não precise colocar um veículo a mais na rua. Essa abordagem é considerada uma evolução do *omnichannel*, pois a integração dos canais é igualmente primordial para o processo. Suas principais vantagens para a empresa e o cliente são a redução dos custos com frete e a possibilidade de receber o produto no mesmo dia da compra. Também vale considerar que, corriqueiramente, acontece de os clientes escolherem os produtos na loja *on-line*, colocando-os no carrinho de compras, mas logo depois, quando é feita a soma do preço com o frete de entrega, desistirem (Stanton, 2019); o *click and collect* resolve esse tipo de impasse.

Outra tendência para o mercado de entregas é o **anticipatory shipping**, que se baseia em dar início à entrega da mercadoria antes mesmo de o cliente confirmar a compra. Isso é possível por meio da combinação de dados fornecidos por algoritmos inteligentes, permitindo que a empresa antecipe, com algum grau de sucesso, a próxima demanda (Perelmuter, 2019). Mendes (2016) explica que essa probabilidade de compra é fundamentada em ações dos próprios consumidores, como as pesquisas de compras anteriores, entre outros elementos passíveis de análise.

Em termos logísticos, assim que se reconhece uma possibilidade de compra, o produto é conduzido do CD, onde está situado, ao *hub* logístico mais próximo do endereço do cliente. Desse modo, o produto já fica mais perto do destino, oferecendo um menor prazo de entrega. Os requisitos de transporte permanecem os mesmos, contudo, quando o consumidor decide comprar, o tempo de espera pelo produto é reduzido. Se o comprador não tiver interesse em concluir a compra, não há prejuízos, pois o material é conduzido para outro potencial cliente ou para o *hub* central. O *same day delivery*, ou "entrega no mesmo dia", também é um fator competitivo para grandes empresas de *e-commerce* e, como se sabe, as mercadorias chegam aos seus destinos com até 24 horas após a compra.

O que é?

O *hub* é o espaço onde estão centralizadas as movimentações de importação e de exportação da transportadora, seja terrestre, seja área, considerado o centro de logística de uma transportadora.

A entrega em D+0 diminui os tempos de operação, ou seja, tem como finalidade produzir e transportar mais rapidamente. Esse tempo pode ser reduzido, por exemplo, por meio do frete aéreo, contudo, seu custo é notadamente mais elevado. Por isso, uma alternativa mais exequível é a descentralização dos centros de distribuição, ou seja, deixar de utilizar um grande CD para fazer uso de outros espaços menores, como o **centro de distribuição avançado** (CDA), localizado em regiões estratégicas, de modo que o estoque esteja mais próximo do cliente final (Mendes, 2016).

Outra ferramenta são as entregas *parcel shop*, efetuadas por uma rede de estabelecimentos que funcionam como correspondentes de entrega. Isto é, ainda que o produto não seja comercializado pela empresa, esta retém os pedidos de e-consumidores que, em seguida, efetuarão a retirada em seu endereço (Mendes, 2016). Algumas vantagens desse método são: reduzir o valor do frete e permitir que a mercadoria seja entregue mais rapidamente com a ajuda de um parceiro. Esses parceiros devem estar localizados próximos à residência do consumidor, que, no momento da compra, recebe uma lista dos *parcel shop* disponíveis. Assim que o produto chega no parceiro, o cliente é avisado. Exemplificando: um cliente efetua a compra pela internet, mas trabalha o dia todo em horário comercial e não tem ninguém em sua residência para receber o produto. Ele pode solicitar, no ato da compra, que sua mercadoria seja entregue em um parceiro próximo de sua casa ou trabalho.

De acordo com Mendes (2016), tal modelo oferece vantagens a todos os participantes:

- o **e-consumidor** pode escolher um lugar para a entrega/retirada de sua mercadoria;
- a **loja virtual** apresenta um diferencial a mais para seus consumidores por meio da otimização da entrega;

- o *parcel shop* eleva o movimento de pessoas em seu estabelecimento, o que pode contribuir para aumentar as vendas e a visibilidade de seu comércio;
- o **transportador** é beneficiado com prazos e custos de entrega melhores, podendo determinar rotas fixas e o acúmulo de diversas mercadorias, concomitantemente, para o mesmo *parcel shop*.

Outra forma de entrega que está sendo difundida se refere ao uso de veículos não motorizados, como bicicletas, o que se convencionou chamar **bike delivery**. Esse meio de transporte oferece custos bem inferiores em relação ao gasto com combustível e manutenção de veículo, isso sem contar a escapatória de congestionamentos e a livre circulação das bicicletas pela cidade.

Entrega colaborativa

Associados à economia colaborativa, vários aplicativos voltados à entrega colaborativa estabelecem uma comunicação efetiva entre transportadoras e empresas. As mais variadas formas de entrega são disponibilizadas nesses aplicativos, como bicicleta, a pé etc. Outro ponto interessante sobre esses aplicativos é que eles não se restringem somente a pequenas encomendas, mas realizam qualquer tipo de entrega, sendo até utilizado por grandes empresas varejistas. Assim, por meio desses aplicativos, o cliente solicita a entrega e preenche as informações necessárias. Tais informações são repassadas aos entregadores, que podem negociar o valor ou simplesmente aceitar a oferta. Após a confirmação, o cliente pode acompanhar a rota de entrega.

Mais recentemente foi autorizada, em caráter experimental, pela Agência Nacional de Aviação Civil (Anac), a entrega por drones, o que pode reduzir o custo operacional e agilizar as entregas de mercadorias. Para Cano e Silva (2018), o uso de drones para entregas de curtas distâncias auxilia o trânsito urbano e diminui a quantidade de veículos nas vias. Essa tecnologia também pode servir para realizar entregas em áreas com pouca infraestrutura ou de difícil acesso, bem como é útil no acompanhamento e no monitoramento de cargas valiosas e que estejam em localidades de risco.

4.4 Lockers

Com a procura crescente, por parte de empresas e consumidores, pelos terminais de entrega, surgiu um novo conceito denominado *lockers*, que se baseia em um armário inteligente no qual são guardadas as mercadorias referentes às compras de determinado cliente, em que ele é o responsável por retirá-las.

Com essa ferramenta, é possível aumentar os pontos de coleta, pois os espaços de grande circulação, como rodoviárias e *shoppings* podem acomodar os *lockers*.

> Este tipo de tecnologia aliada ao last mile foi utilizada de forma pioneira pela empresa americana Amazon nos Estados Unidos a princípio. Este tipo de tecnologia ainda é embrionário em países em desenvolvimento, como o Brasil, porém nos Estados Unidos e na Europa os terminais de entregas já são uma realidade que vem reduzindo custos e garantindo maior comodidade e segurança aos consumidores finais. (Araújo; Reis; Correia, 2019, p. 5)

No que se refere à integração de canais, os *lockers* são uma extensão do *omnichannel*, pois contribuem com as operações de compra e venda nas lojas virtuais com o propósito de reduzir os custos operacionais e agilizar a logística de entrega de mercadorias.

Exercício resolvido

Os *lockers* surgem como uma inovação no setor de distribuição física, oferecendo vantagens para a empresa e o consumidor, como praticidade e rapidez na entrega, disponibilidade integral, diminuição dos custos etc. Dessa forma, os *lockers* são:

a. parceiros que integram uma rede de estabelecimentos e recebem variados tipos de mercadorias, as quais, posteriormente, são retiradas pelos clientes na sede da empresa. Esses parceiros atuam como correspondentes de entrega.

b. armários instalados em lugares de grande circulação onde são guardadas as mercadorias compradas por determinado cliente, servindo como um ponto de entrega. Para que sejam abertos, é necessária a confirmação via *QR-Code*.

c. entregas efetuadas por meio de pequenos centros de distribuição espalhados pela cidade em lugares estratégicos, nos quais o consumidor marca o horário para o recebimento da mercadoria.

d. um tipo de entrega multicanal, em que o cliente pode escolher o local de retirada do produto, podendo ser alguma loja física ou CD disponível próximos à sua residência.

e. entregas realizadas por meio de dispositivos especiais que detectam automaticamente o horário em que o fluxo de veículos está menor e indica ao cliente o local de retirada, agilizando, assim, a entrega.

Respostas: (b). Os *lockers* são armários inteligentes instalados em lugares de grande circulação para a guarda de mercadorias adquiridas e que são liberadas aos consumidores quando de sua retirada via *QR-Code*, que é disponibilizado no momento da abertura.

Araújo, Reis e Correia (2019) elencam algumas vantagens desse método de entrega de mercadorias, quais sejam:

- nível de praticidade superior para o consumidor final;
- disponibilidade em qualquer horário/dia da semana;
- alternativa para quem mora em áreas remotas, de risco ou, ainda, não tem um código de endereçamento postal (CEP);
- redução do tempo de entrega;
- custo inferior;
- ausência de portador para receber a encomenda;
- possibilidade de uso como ponto de *dropoff* para a logística reversa;
- maior confidencialidade de recebimento;
- segurança mais elevada, pois podem ser instalados em lugares de grande circulação e empregando espaços de estabelecimentos já existentes;
- diminuição de custo do transportador no *last mile delivery*.

Assim, são considerados pontos fortes dos *lockers* a praticidade, a economia, o diferencial competitivo e a agilidade na entrega.

Figura 4.3 – *Lockers*

A forma de retirar as mercadorias nos *lockers* ocorre por meio do envio de um código ao cliente, que recebe, por *e-mail* ou SMS, uma mensagem com o código de rastreamento e a data em que o produto estará disponível para retirada. Os terminais são equipados com *scanner* para a leitura de *QR-Code*. Assim, quando o cliente faz a liberação do código, recebe imediatamente um *QR-Code* por aplicativo ou SMS, e, após a leitura e a confirmação do *QR-Code*, o compartimento é liberado de forma automática. Logo depois, o terminal envia, eletronicamente, os dados da retirada e comunica que o compartimento está livre para receber uma nova coleta (Araújo; Reis; Correia, 2019).

4.5 Sustentabilidade e logística colaborativa

A estratégia de uma organização deveria descrever como se pretende estabelecer e conservar seu valor aos acionistas. A preocupação com ações sustentáveis não só é uma condição para suprir necessidades de um mundo contemporâneo, mas também um modo de manter a organização ativa no mercado, com vistas a, por meio da sustentabilidade, atender às exigências do cliente e da empresa.

A visão da sustentabilidade tem sido incorporada nas organizações tanto como fonte estratégica de vantagem competitiva quanto como elemento integrado às políticas de atuação. Essa motivação passa pelas exigências regulamentares públicas e privadas, pelas exigências de mercado e pela conscientização ecológica e ambiental. (Robles; La Fuente, 2019, p. 32)

Esse ponto de vista demonstra que a finalidade estratégica de uma organização não deve apenas estar concentrada na possibilidade de ganhos econômicos para seus acionistas, mas precisa analisar o impacto ambiental e social para todos os envolvidos nessa relação. Assim, surgem novos conceitos de responsabilidade empresarial, que fazem com que o crescimento econômico considere as variáveis ambientais, como o **desenvolvimento sustentável**, que preconiza: o crescimento econômico deve, necessariamente, acompanhar a minimização dos impactos ambientais (Izidoro, 2015).

Hoje em dia, há uma crescente preocupação com a sustentabilidade, tanto por parte das empresas quanto dos consumidores, e isso tem impulsionado a procura por possibilidades que minimizem os danos causados ao meio ambiente, fator que é apontado com uma das vantagens oferecidas pela logística colaborativa. Com o intuito de incentivar as organizações a incluírem esse ponto de vista socioambiental em sua missão, carregando-o como um valor organizacional, foi criado o **tripé da sustentabilidade** (Figura 4.4), que avalia a empresa conforme os critérios social, econômico e ambiental. Assim, muitas entidades decidiram conservar seu valor, sem comprometer as gerações futuras, por meio do estabelecimento de metas referentes à sustentabilidade desses três eixos (Jacobs; Chase, 2012).

Figura 4.4 – Tripé da sustentabilidade

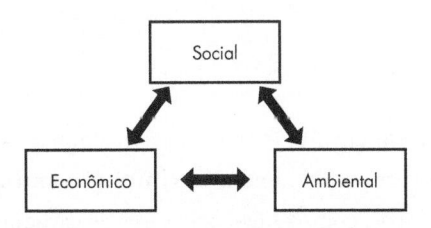

Com base nesse tripé, as empresas não só realizam o que lhes é exigido, mas buscam novas formas de colaborar com os aspectos sustentáveis de forma significativa. Robles e Fuente (2019, p. 31, grifo do original) explicam como funciona esse tripé:

> As interações das dimensões social, ambiental e econômica representam os diferentes aspectos da sustentabilidade. A dimensão econômica, ao interagir com a social, enfatiza as gerações de emprego e renda, e a intersecção das dimensões econômica e ambiental focaliza ações ambientais economicamente viáveis. As interações entre as dimensões social e ambiental, por sua vez, ocorrem por meio de atividades sociais que não afetam o meio ambiente de forma prejudicial. A intersecção das três dimensões é representada pela **sustentabilidade de forma ampla**.

Muitos consumidores buscam empresas comprometidas com a causa ambiental e que, de fato, promovam atitudes socioambientais responsáveis; o mesmo ocorre com a procura de parceiros logísticos. Ainda que a logística desempenhe um papel fundamental nesse processo, as empresas cujas ações são sustentáveis podem conquistar uma imagem mais sólida. Entretanto, resta responder: No que consiste um tipo de logística sustentável? Silva (2020) explica que, na logística, "a sustentabilidade preocupa-se em minimizar os impactos ambientais e buscar por recursos renováveis, tecnologia limpa, reposição e reciclagem de matéria-prima e reuso da água. Todos os aspectos relacionados têm grande contribuição para redução de risco dos recursos naturais". Dessa forma, é imprescindível que todos os procedimentos adotados dentro das organizações sejam levados em consideração, inclusive os processos relacionados com a cadeia de suprimentos e com a logística, pois essas atividades são de grande impacto social e ambiental, portanto, devem estar preocupadas em diminuir os riscos aos recursos naturais.

O que é?

O **impacto social** envolve atitudes sociais, ambientais e econômicas de transformação positiva do mundo. Já o **impacto ambiental** está ligado a alguns parâmetros, como emissão de gases de carbono, uso de recursos não renováveis, entre outros fatores relacionados à sustentabilidade.

A **logística sustentável** ou **verde** é o campo da logística que se importa com as questões e com os impactos de sua atuação no ambiente e na comunidade. Essa corrente logística apresenta os recursos naturais como limitados e, por isso, seu propósito é acolher os princípios da sustentabilidade ambiental e reduzir, ao máximo, os possíveis impactos durante todo o processo (Araújo; Reis; Correia, 2019).

Conforme Guarnieri (2013), a logística verde tem como finalidade principal considerar os princípios de sustentabilidade ambiental, por exemplo, o princípio de **produção limpa**, em que a responsabilidade de uma produção ecoeficiente é de quem produz, ou seja, o fabricante deve preocupar-se com a seleção de matérias-primas, o processo produtivo, o consumo, a reutilização, a reciclagem etc., visando diminuir o impacto ambiental.

> *A logística sustentável preocupa-se em coordenar as atividades da cadeia de suprimento para minimizar os impactos ao meio ambiente, garantindo que as decisões tomadas hoje não interfiram de maneira negativa as futuras gerações. Dessa forma, a sustentabilidade torna-se uma obrigação de todos, não apenas de grandes empresas ou governantes, pois o meio ambiente é um bem comum, logo todos se tornam responsáveis. (Silva; Moura, 2021, p. 3)*

Ao adotar tais princípios, as empresas instigam a consciência ambiental de seus parceiros, colaborando com a disseminação de políticas ambientais que investem em um tipo de produção mais limpa, advinda de um projeto social responsável, que objetiva desenvolver, sobretudo, "produtos verdes" (Ganzer et al., 2017).

Willard (2014) afirma que uma empresa que segue uma missão de sustentabilidade ambiciosa constitui uma força de trabalho energizada, comprometida e motivada, mais produtiva e inovadora. Com isso, a emissão zero, a produção de energia autossuficiente, o resíduo zero e a recuperação da saúde social e ambiental do planeta compõem elementos poderosos para a visão de qualquer empresa. Desse modo, a logística sustentável agrega valor à organização por meio do aprimoramento e da otimização dos processos, bem como gera benesses aos clientes (e à humanidade como um todo), uma vez que preserva o ambiente em que se vive.

Perguntas & respostas

Para que as empresas consigam adaptar-se a essa nova realidade baseada na sustentabilidade, ela deve aumentar seus custos, tendo em vista a reformulação dos processos?

Resposta: Não, pelo contrário, pois, assim que as empresas começam a ter atitudes socioambientais, adotam meios de redução de recursos, o que diminui as despesas e, até mesmo, evita desperdícios, gerando uma economia ainda maior.

Ganzer et al. (2017) cita o programa **Produção mais Limpa (P+L)** como um auxílio para a educação ambiental no meio coorporativo. O P+L visa aplicar uma estratégia ambiental preventiva e integrada aos processos produtivos em produtos e/ou serviços, com o intuito de diminuir os riscos mais significativos aos seres humanos e ao meio ambiente. Os ajustes no processo produtivo possibilitam reduzir a geração de resíduos diversos.

Para Cano e Silva (2018), a gestão sustentável da cadeia de suprimentos fundamenta-se nos **3Rs** (Figura 4.5) – **reduzir, reutilizar e reciclar** –, com diversas empresas convergindo suas estratégias para aperfeiçoar a rentabilidade mediante redução de recursos.

Figura 4.5 – 3Rs

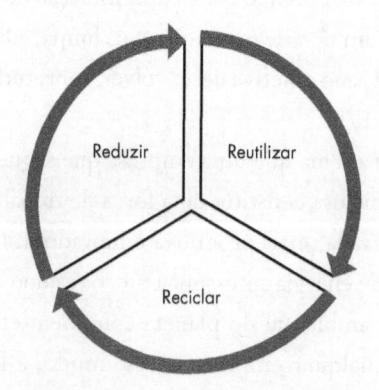

Ao ajustar seus produtos de modo a diminuir os impactos ao meio ambiente e aprimorar suas condições de reaproveitamento, a empresa ganha em competitividade por meio do reforço de sua imagem corporativa e de sua ética empresarial (Izidoro, 2015).

Grant (2013) elenca algumas propostas que podem colaborar para que a empresa adote os 3Rs, "esverdeando", assim, a logística e a cadeia de suprimentos. Vejamos:

- **Transportes, veículos e infraestrutura**: aplicar tecnologias e processos sustentáveis a fim de otimizar as infraestruturas existentes e assegurar sua maior eficiência.

- **Edificações verdes**: aprimorar as instalações mediante adoção de novas tecnologias de construção civil, observando a reciclagem e o gerenciamento de resíduos.

- **Abastecimento, produto e projeto de embalagem**: ao escolher matérias-primas, precisar a quantidade de carbono a ser utilizada, a intensidade do processo de produção, o desenvolvimento e a velocidade da cadeia de suprimentos.

- **Questões administrativas**: elaborar soluções que equilibrem as operações da empresa e as necessidades dos clientes.

Na logística colaborativa, todos os envolvidos são responsáveis pela adoção de métodos sustentáveis em todas as etapas do processo, que vai desde a escolha da matéria-prima até a entrega do produto ao consumidor final, considerando, ainda, o uso de transportes e a logística reversa das embalagens. Assim, a logística colaborativa não altera o propósito logístico, somente busca suprir as necessidades do consumidor por vias econômica, ambiental e social, ou seja, o fator econômico deixou de ser o único elemento reinante na cadeia de suprimentos.

Por meio da logística colaborativa, existem várias medidas que podem ser adotadas no âmbito da sustentabilidade, como:

- no transporte, é possível consolidar cargas ou traçar rotas mais eficientes, diminuindo o volume de veículos nas vias, bem como o consumo de combustível e a emissão de poluentes;
- no compartilhamento de armazéns, condomínios logísticos ou plataformas logísticas;
- no uso da ventilação ou da iluminação naturais, bem como de sistemas de economia de recursos hídricos;
- no descarte adequado de materiais no meio ambiente;

- na eliminação de desperdícios com a otimização de equipamentos e recursos utilizados;
- no uso de produtos e embalagens recicláveis.

Empresas de diversas cadeias produtivas, ou seja, de múltiplos setores industriais, vêm constituindo associações incentivadoras no que se refere aos sistemas de reciclagem e reuso, assim como investindo em programas educacionais de conscientização. Logo, essas organizações, unidas à sociedade, buscam por soluções aos problemas ambientais enfrentados, com o propósito de se adequar às legislações locais e, desse modo, assegurar a manutenção dos negócios (Izidoro, 2015).

Exercício resolvido

Atualmente, a sustentabilidade é vista como uma estratégia empresarial para reduzir custos, figurando como um diferencial competitivo, pois muitos consumidores e parceiros consideram mais promissoras as empresas que prezam por atitudes sustentáveis. Com relação às práticas sustentáveis que podem ser adotadas na logística colaborativa, analise as afirmativas a seguir.

I. A logística colaborativa está presente no uso de veículos maiores, como caminhões, que comportem um volume elevado de mercadorias, com vistas a realizar mais entregas.

II. A logística colaborativa está presente no uso de plataformas logísticas que integram diversos operadores logísticos, executando atividades relacionadas à distribuição nacional e internacional de mercadorias.

III. A logística colaborativa está presente no método de consolidação de cargas em veículos menores, o que colabora para a redução da quantidade de veículos nas vias, do consumo de combustível, dos congestionamentos e da emissão de poluentes.

Assinale a alternativa correta:
a. As afirmativas I e II são verdadeiras.
b. Apenas a afirmativa III é verdadeira.
c. Apenas a afirmativa II é verdadeira.
d. As afirmativas II e III são verdadeiras.
e. Todas as afirmativas são verdadeiras.

Resposta: (d). Apenas a afirmativa I é falsa, pois o uso de um caminhão pode ocasionar problemas com congestionamento, estacionamento e emissão de gases poluentes, logo, recomenda-se o uso de transportes menores, em que seja possível empregar a consolidação de cargas. A saída apresentada pelas plataformas logísticas também se caracteriza como uma medida mais sustentável de emprego da logística colaborativa.

Willard (2014) afirma que é possível reduzir a quantidade de material quando as empresas coletam e reciclam seus produtos no final de sua vida útil. Daí surgem conceitos como **logística reversa** ou **responsabilidade estendida ao produtor** (REP), que responsabiliza os fabricantes pelos impactos ambientais de seus produtos ao final de sua vida útil. A logística reversa de produtos promove uma ação colaborativa entre fabricantes, varejistas, usuários e municípios.

O que é?

O *extended producer responsibility* (EPR) ou, em português, a responsabilidade estendida ao produtor (REP), é considerado um importante princípio de proteção ambiental cujo fundamento está atrelado à ideia de que a cadeia industrial produtora deve ser responsável pelo seu produto até após sua utilização pelo cliente, isto é, deve-se garantir o retorno do bem através de canais de distribuição reversos (Izidoro, 2015).

As operações logísticas devem ponderar a respeito de todos os aspectos relacionados ao meio ambiente, procurando sempre melhores formas de gerir a cadeia de produção, bem como parcerias necessárias para concretizar atitudes que fomentem a responsabilidade socioambiental.

Por fim, o entendimento da sustentabilidade tem de iniciar pela comunicação, isto é, cabe às empresas informar e articular práticas internas e externas de conscientização do meio ambiente, do limite de seus recursos naturais e do alcance das estratégias organizacionais. Com isso, essa prática comunicacional pode despertar um consumo responsável, de forma a comungar teoria e a prática sustentável.

4.6 Logística urbana: legislações

As atividades logísticas consistem, fundamentalmente, em processamento de pedidos, manutenção de estoques, armazenagem, movimentação e transporte. Contudo, quando se trata de logística urbana, outros elementos são adicionados à noção de logística, tais como: congestionamento, poluição, ruído, consumo de combustível, tecnologias não poluentes etc. Dessa forma, todas essas atividades precisam ser regulamentadas pelas leis e normas de cada país.

O transporte, uma das principais atividades logísticas, é bem regulamentado no Brasil por entidades governamentais, setoriais e técnicas, além de expedidores, transportadores e operadores logísticos (Szabo, 2016). Para Izidoro (2015), as legislações têm seguido o desenvolvimento dos conceitos ambientais, que compreendem diferentes aspectos do ciclo de vida útil de um produto. Atualmente, na maioria das grandes metrópoles, as indústrias só podem executar suas funções se seus efluentes industriais não causarem poluição ambiental. Assim, para que as organizações possam atuar, é preciso obedecer a normativos legais, caso contrário, suas atividades não podem ser executadas ou, até mesmo, são passíveis de criminalização, a depender dos danos ambientais.

As atividades logísticas estão amparadas, tanto técnica quanto legalmente, em diversos instrumentos legais federais (normas, decretos, regulamentações, resoluções, portarias etc.) e em legislações estaduais e municipais (Szabo, 2016). A Constituição Federal, de 1988, traz algumas determinações que servem de base para outros instrumentos normativos em seu art. 21, inciso XX: "Compete à União: [...] instituir diretrizes para o desenvolvimento urbano, inclusive habitação, saneamento básico e transportes urbanos" (Brasil, 1988).

Outro importante dispositivo da Constituição é o art. 182, que determina:

> Art. 182. A política de desenvolvimento urbano, executada pelo Poder Público municipal, conforme diretrizes gerais fixadas em lei, tem por objetivo ordenar o pleno desenvolvimento das funções sociais da cidade e garantir o bem-estar de seus habitantes. (Brasil, 1988)

Esse artigo, resultado de uma emenda de iniciativa popular e retrata o reconhecimento, pelo Poder Público, de um direito fundamental – o direito à cidade com qualidade de vida e garantia de bem-estar a seus habitantes. Assim, pela primeira vez na história constitucional pátria, foram estabelecidos princípios constitucionais de política urbana, da função social da cidade e da propriedade, bem como da democratização da gestão urbana (Sanches Junior et al., 2008).

O art. 225, inciso V, também merece destaque, uma vez que visa garantir o direito a um meio ambiente ecologicamente equilibrado, prevendo competir ao Poder Público: "controlar a produção, a comercialização e o emprego de técnicas, métodos e substâncias que comportem risco para a vida, a qualidade de vida e o meio ambiente" (Brasil, 1988). Esses artigos constitucionais trazem determinações imprescindíveis para a regulamentação de outras leis e normas, orientando ações relativas aos processos de distribuição de mercadorias nesses espaços.

Com base na descentralização de políticas urbanas conferida pela Constituição, os municípios receberam maior autonomia e capacidade decisória na concepção e na introdução de políticas de desenvolvimento urbano. Assim, a formação de instrumentos de planejamento urbano passou a ser indispensável não apenas para cumprir a lei, mas, sobretudo, para conduzir diretrizes em busca de um desenvolvimento urbano sustentável (Oliveira et al., 2018).

A Lei n. 10.257, de 10 de julho de 2001 (Brasil, 2001), regulamentada por meio dos art. 182 e 183 da Constituição (Brasil, 1988) e denominada *Estatuto da Cidade*, determina diretrizes gerais da política urbana e estabelece "normas de ordem pública e interesse social que regulam o uso da propriedade urbana em prol do bem coletivo, da segurança e do bem-estar dos cidadãos, bem como do equilíbrio ambiental" (Brasil, 2001).

No que se refere aos aspectos relacionados mais especificamente aos transportes e à distribuição urbana de produtos, os municípios têm enfrentado dificuldades cada vez maiores em equiparar a eficiência dos serviços prestados pelas empresas com as demandas crescentes dos indivíduos. Dadas as circunstâncias de mobilidade urbana nas cidades e com o objetivo de ressaltar a necessidade de um planejamento mais consistente, permitir a integração entre os meios de transporte e aperfeiçoar a acessibilidade e a mobilidade das pessoas e cargas no território do município, foi sancionada a Lei n. 12.587, de 3 de janeiro de 2012 (Brasil, 2012), denominada **Política Nacional de Mobilidade Urbana** (Figura 4.6) (Abreu, 2015).

Figura 4.6 – Política Nacional de Mobilidade Urbana

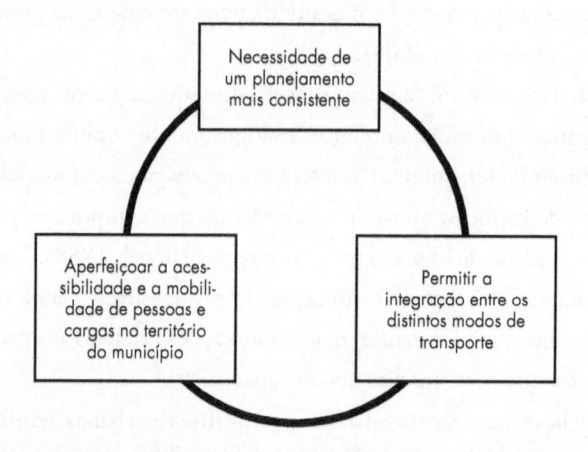

O art. 23 da Lei n. 12.587/2012 disciplina as ferramentas, aos entes federativos, do sistema de gestão e mobilidade urbana nos seguintes termos:

Art. 23. Os entes federativos poderão utilizar, dentre outros instrumentos de gestão do sistema de transporte e da mobilidade urbana, os seguintes:

I – restrição e controle de acesso e circulação, permanente ou temporário, de veículos motorizados em locais e horários predeterminados;

II – estipulação de padrões de emissão de poluentes para locais e horários determinados, podendo condicionar o acesso e a circulação aos espaços urbanos sob controle;

III – aplicação de tributos sobre modos e serviços de transporte urbano pela utilização da infraestrutura urbana, visando a desestimular o uso de determinados modos e serviços de mobilidade, vinculando-se a receita à aplicação exclusiva em infraestrutura urbana destinada ao transporte público coletivo e ao transporte não motorizado e no financiamento do subsídio público da tarifa de transporte público, na forma da lei;

IV – dedicação de espaço exclusivo nas vias públicas para os serviços de transporte público coletivo e modos de transporte não motorizados;

V – estabelecimento da política de estacionamentos de uso público e privado, com e sem pagamento pela sua utilização, como parte integrante da Política Nacional de Mobilidade Urbana;

VI – controle do uso e operação da infraestrutura viária destinada à circulação e operação do transporte de carga, concedendo prioridades ou restrições;

VII – monitoramento e controle das emissões dos gases de efeito local e de efeito estufa dos modos de transporte motorizado, facultando a restrição de acesso a determinadas vias em razão da criticidade dos índices de emissões de poluição;

VIII – convênios para o combate ao transporte ilegal de passageiros; e

IX – convênio para o transporte coletivo urbano internacional nas cidades definidas como cidades gêmeas nas regiões de fronteira do Brasil com outros países, observado o art. 178 da Constituição Federal. (Brasil, 2012)

Para saber mais

Recomendamos a leitura integral da Lei n. 12.587/2012, Política Nacional de Mobilidade Urbana, que dispõe sobre os diversos meios de transportes, bem como a respeito do aprimoramento da acessibilidade e mobilidade de indivíduos e cargas no território municipal, por meio de diretrizes, princípios e objetivos orientadores.

BRASIL. Lei n. 12.587, de 3 de janeiro de 2012. **Diário Oficial da União**, Poder Executivo, Brasília, DF, 3 jan. 2012. Disponível em: <http://www.planalto.gov.br/ccivil_03/_ato2011-2014/2012/lei/l12587.htm>. Acesso em: 5 jun. 2021.

Com a Política Nacional de Mobilidade Urbana ficou mais nítida a importância do Plano de Mobilidade Urbana (PlanMob) como ferramenta de auxílio ao planejamento das medidas de distribuição urbana de mercadorias.

Abreu (2015) afirma que essa nova ferramenta da política de desenvolvimento urbano é complementar ao que já fora estabelecido no Estatuto da Cidade (Brasil, 1988) e deve ser aplicada aos municípios que têm de apresentar um Plano de Mobilidade Urbana integrado e compatível com as referentes diretrizes constantes no Plano Diretor.

O PlanMob (Figura 4.7) foi normatizado pelo *Caderno de referência para elaboração de Planos de Mobilidade Urbana* (Brasil, 2015), que tem como finalidade guiar os municípios e os estados na elaboração de seus Planos de Mobilidade Urbana, sendo leitura obrigatória a técnicos e gestores públicos que operam diretamente com temas sobre mobilidade urbana nas administrações municipais ou estaduais, bem como a lideranças políticas e de movimentos sociais que realizam atividades no âmbito das relações urbanas. Esse caderno engloba assuntos indispensáveis para a preparação de Planos de Mobilidade Urbana, conforme as normas da Política Nacional de Mobilidade Urbana, Lei n. 12.587/2012 (Brasil, 2012).

Figura 4.7 – PlanMob

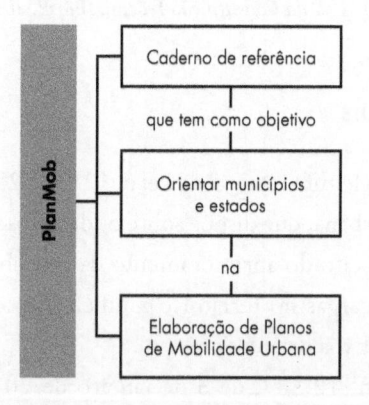

O PlanMob acompanha a atual perspectiva de planejamento da mobilidade urbana nas cidades brasileiras, em que figura, em primeiro lugar, o transporte de pessoas e, em segundo, o transporte de cargas. No que se refere à distribuição de mercadorias, o PlanMob deve compreender, essencialmente, informações sobre operações e disciplinamento do transporte na infraestrutura viária, assim como polos geradores de tráfego, áreas de estacionamentos públicos e privados, gratuitas ou onerosas, e áreas e horários de acesso e circulação restrita ou controlada (Abreu, 2015).

O PlanMob pontua algumas ações e diretrizes a respeito do Transporte de Cargas Urbanas sobre responsabilidade dos órgãos gestores municipais, criando medidas na tentativa de desenvolver ações que viabilize o transporte de carga urbana, pedestres, transporte público coletivo e transporte individual nos espaços urbanos, garantindo a qualidade de vida da população nas cidades. Cabe aos municípios desenvolver estas diretrizes contemplando os diferentes agentes sociais, mas sabemos que na maioria dos municípios, identificamos somente a lei municipal de carga e descarga, regulamentando o modal, incluindo as vias que permite a movimentação de cargas com as restrições de horários. Nenhum documento, que vise o transporte de carga, como um sistema que faz parte da rede urbana das cidades, em que suas ações atendam às necessidades econômicas do município e ao mesmo tempo permite a qualidade de vida e ações sustentáveis no sistema viário urbano. (Bernardes; Ferreira, 2021)

Oliveira et al. (2018) destaca alguns pontos importantes, como:

- conhecer os movimentos, as características dos meios de transporte e a infraestrutura que garante os deslocamentos de pessoas e cargas nos municípios, assim como os meios de gestão desses deslocamentos;
- elaborar um planejamento de circulação, sendo este inteiramente dependente de outras políticas urbanas que influem na localização das atividades econômicas, moradias e equipamentos urbanos;
- facultar liberdade aos municípios na preparação de leis características que devem determinar os requisitos de aplicação das normas para a circulação de pessoas e cargas; os critérios de uso e ocupação do solo; as regras para o processo de licenciamento de novos empreendimentos; as exigências para a organização dos estudos de impacto; e as referências para apresentação de medidas mitigadoras;
- conciliar o Plano de Mobilidade Urbana com os outros planos municipais relativos à mobilidade urbana, como o Plano Diretor, o Plano Plurianual, o Plano Habitacional de Interesse Social e o Plano Viário;

- avalizar etapas de diagnóstico e prognóstico, pois, além das condições estritamente conteudistas, é recomendado que a elaboração do Plano de Mobilidade Urbana seja efetivada em duas etapas prévias: a de diagnóstico e a de prognóstico da mobilidade urbana;
- elaborar objetivos, metas e ações estratégicas segundo a visão geral do Plano Nacional de Mobilidade Urbana;
- desenvolver propostas de roteiros para a organização dos Planos de Mobilidade Urbana, reunidos conforme o número de habitantes dos municípios;
- considerar mecanismos de gestão de demanda por viagens quando da elaboração de Planos de Mobilidade Urbana.

O PlanMob auxilia as cidades na busca pela qualidade de vida à população dos municípios. Esse documento sempre passa por revisões cuidadosas a fim de se adaptar a todas as mudanças legais em curso, de modo a orientar as ações primordiais no processo de constituição do plano.

O Código de Trânsito Brasileiro, sancionado pela Lei n. 9.503, de 23 de setembro de 1997 (Brasil, 1997), prevê uma nítida divisão de responsabilidades e, ao mesmo tempo, uma parceria entre órgãos federais, estaduais e municipais na gestão do trânsito. Os municípios, por sua vez, tiveram sua esfera de competência significativamente expandida. A propósito, o que é muito coerente, pois é no município que o cidadão realmente reside, trabalha e se movimenta, figurando ali, portanto, sua situação concreta e imediata de vida comunitária e expressão política. Por esse motivo, atualmente, cabe aos órgãos executivos municipais de trânsito desempenhar diversas atribuições, conforme consta no *Caderno de referência para elaboração de Plano de Mobilidade Urbana* (Brasil, 2015).

O *Caderno de referência para elaboração de Plano de Mobilidade Urbana* (Brasil, 2015) ainda aborda que o Plano de Mobilidade Urbana deve abranger estudos específicos sobre a circulação de carga urbana, apontando os tipos, o volume e as especificidades da movimentação, além de determinar ações características de transporte e trânsito que considerem, pelo menos, os seguintes pontos:

- regulamentação do transporte de carga;
- definição de rotas preferenciais e de vias de uso proibido;
- sinalização específica para veículos de carga (orientação e restrição).

Por fim, cabe ao Plano Diretor, por seu turno, determinar a função social mais apropriada de cada ambiente do município, levando em conta as exigências e as características específicas de aspectos econômicos, ambientais, sociais, entre outros, sempre buscando uma qualidade de vida mais apropriada a todos que habitam a região. Ele deve funcionar como um pacto sócio territorial que efetivamente transforme a realidade da cidade. Por isso, é preciso estar alinhado às políticas educacionais, de assistência social, saúde, lazer, transporte, segurança, preservação ambiental, emprego, trabalho, renda e desenvolvimento econômico do país, de modo a possibilitar o direito à cidade e moradia, a inclusão social, a mobilidade, o combate à violência e a redução das desigualdades sociais, étnicas e regionais (Sanches Junior et al., 2008).

Parcerias público-privadas (PPPs)

Uma forma muito utilizada de junção entre a iniciativa pública e a privada é por meio das parcerias público-privadas (PPPs). A Lei n. 11.079, de 30 de dezembro de 2004 (Brasil, 2004), regulamenta essa parceria, tendo sido criada com o intuito de ampliar ou aperfeiçoar a capacidade da logística pública diante da dificuldade do Poder Público em garantir, isoladamente, os investimentos necessários para o crescimento econômico.

Análises de amplitude internacional demonstram que as PPPs podem colaborar com a diminuição de alguns aspectos negativos ligados à execução de investimentos públicos, notadamente atrasos, sobrecustos, deterioração prematura das infraestruturas, superdimensionamento ou subutilização das facilidades, carência de manutenção e custos de operação elevados (Grizendi et.al., 2011).

Diante disso, é possível implantar esse tipo de parceria no que se refere a transportes, construção ou renovação de rodovias, de portos etc. Em São Paulo, por exemplo, é muito comum que empresas privadas façam a manutenção de rodovias e, posteriormente, implementem uma cobrança de pedágio, configurando-se, portanto, como um contrato assinado em parceria com o Poder Público. Tais investimentos agilizam os meios de transportes em rodovias, ferrovias e portos, uma vez que entregam melhores estruturas, auxiliando, assim, a logística das organizações.

As PPPs têm como finalidade eliminar falhas e lapsos das entidades pública e privada, preservando seus pontos fortes e suas competências. Hoje, essa parceria é considerada uma forma essencial de **implementação de projetos de desenvolvimento econômico** (Silva, 2016) e de melhoria da logística tanto em nível organizacional quanto nacional.

Síntese

Neste capítulo, concluímos que:

- A logística colaborativa desempenha um papel importante quanto à distribuição urbana, pois o fomento de atitudes colaborativas entre parceiros podem ajudar a diminuir os congestionamentos, a poluição, o grau de ruído, além de garantir a baixa emissão de carbono no ambiente.
- Novas formas de entrega ocorrem por meio da integração dos vários canais disponíveis, como *omnichannel*, *showrooming* e *click and collect*;
- Existem formas de entrega que objetivam realizar o serviço no menor tempo possível, como nos casos do *same day*, *parcel shop*, *bike delivery* e uso de drones.
- Os *lockers* (armários inteligentes) surgiram como mais uma forma de agilizar as entregas e diminuir os custos operacionais por meio da criação de pontos de coleta em lugares de grande movimentação.
- A sustentabilidade na logística colaborativa é considerada um diferencial competitivo na busca por menores custos, sendo regulada por atitudes socioambientais que exigem das organizações um consumo equilibrado com vistas a reduzir os impactos no ambiente.
- As legislações concernentes à logística urbana compreendem dispositivos constitucionais, leis infraconstitucionais, como a Lei n. 12.587/2012 (Política Nacional de Mobilidade Urbana) e a Lei n. 10.527/2001 (Estatuto da Cidade). O PlanMob, por sua vez, trata-se de um *Caderno de referência para elaboração de Planos de Mobilidade Urbana* (Brasil, 2015) que tem como finalidade orientar os municípios na construção de seus Planos de Mobilidade Urbana.

Estudo de caso

Texto introdutório

Para sobreviver em um mercado cada vez mais competitivo, as empresas buscam formas de se adaptar à realidade. Uma delas é por meio do armazenamento de mercadorias, que deixou de ser uma mera atividade de armazenagem para se tornar uma ação estratégica das organizações em busca de diminuir custos e aumentar o nível de serviço disponibilizado. Assim, os espaços de armazenagem são considerados parte importante do sistema logístico da organização, pois trazem diversas vantagens competitivas à empresa e geram valor aos clientes. Assim, a função de armazenagem deve ter uma atenção especial. Nesse sentido, a logística colaborativa, que visa reduzir custos e otimizar serviços, incentiva o uso de armazéns compartilhados, nos quais empresas dividem espaços adaptados para suas necessidades e partilham os custos entre si.

Texto do caso

A empresa Frios & Frios Ltda. é nova no mercado de laticínios e congelados, portanto, necessita de um espaço para armazenamento de seus produtos, visto que ainda não tem um armazém próprio. Os sócios iniciaram as atividades da empresa em sua própria residência, mas, com o crescimento da demanda, precisaram ampliar seu espaço de atuação. Todavia, com tão pouco tempo no mercado, não possuíam capital para construir um armazém próprio, tampouco gostariam de contrair dívidas oriundas de financiamentos. Os sócios, em busca de solucionar tal problema, depararam-se com a possibilidade de alugar um armazém de acordo com a necessidade de seu negócio, contudo, resta-lhes dúvidas quanto ao sistema de gerenciamento desses armazéns e às possíveis vantagens desse tipo de atividade.

A empresa Tudo + limpo Ltda., por sua vez, opera com a venda de produtos de limpeza e já tem um armazém, mas percebeu que o custo com o transporte de suas mercadorias até os clientes finais está muito elevado, pois sua localização é fora da cidade.

Tendo em vista esses dois casos, como essas empresas poderiam solucionar seus problemas e eventuais dúvidas?

Resolução

Os armazéns compartilhados contam com estruturas adaptadas às necessidades de cada empresa e trazem diversas vantagens para todos os parceiros. Uma delas é sua posição estratégica, pois esses armazéns são situados em locais de fácil acesso e, geralmente, têm à sua disposição algum modal de transporte próximo. Dessa forma, além de uma infraestrutura adequada às especificidades latentes, os produtos adquirem maior valor agregado. Vale mencionar, ainda, a otimização do atendimento logístico e a redução dos custos fixos, visto que todos os gastos são divididos entre as empresas que compartilham o espaço. A cobrança é efetuada apenas pelos volumes e serviços utilizados. Com isso, as empresas já sabem quanto vão gastar com armazenamento, evitando despesas inesperadas.

Logo, os sócios da Frios & Frios Ltda. podem confiar no gerenciamento desses armazéns, que é realizado por meio do *Warehouse Management System* (WMS), um sistema que integra e processa as informações para destinação e localização dos produtos estocados, realiza o controle da carga produtiva de mão de obra e, ainda, elabora relatórios, ou seja, no que se refere ao armazenamento, a empresa pode utilizar esse método cômodo e seguro.

Já a Tudo + Limpo Ltda., caso opte por um armazém compartilhado, consegue garantir uma melhor localização, o que diminui o elevado custo com transporte, beneficiando não só a empresa, mas também os clientes, que receberiam seus produtos em um tempo menor.

Ademais, ambas as empresas teriam um espaço adaptado às suas reais necessidades, conseguiriam reduzir seus custos, uma vez que é mais barato alugar um armazém e compartilhar os gastos desse espaço do que manter um armazém próprio, além, claro, de garantirem uma posição estratégica, diminuindo, assim, os custos com transportes.

Dica 1

Recomendamos a leitura do estudo a seguir, que demonstra as diversas vantagens da *performance* logística entre parceiros.

BORTOLLI, A. et al. **Estudo de viabilidade econômica para implantação de um centro de armazenamento compartilhado em Campo Grande – MS**. Monografia (Especialização em Gestão de negócios) – Fundação Dom Cabral, Campo Grande, 2018. Disponível em: <https://repositorio.itl.org.br/jspui/handle/123456789/40>. Acesso em: 5 jun. 2021.

Dica 2

O WMS, como citado no estudo de caso, garante eficiência às atividades associadas ao uso e ao gerenciamento dos espaços de armazenagem, com vistas a otimizar processos. Saiba mais no vídeo a seguir.

PRÁTICA logística – WMS – Sistema de Gerenciamento de Armazéns. 1º out. 2015. (9min 33s). Disponível em: <https://www.youtube.com/watch?v=1M0vPemIU2c&ab_channel=Pr%C3%A1ticaLog%C3%ADstica>. Acesso em: 5 jun. 2021.

Dica 3

Recomendamos a leitura do artigo a seguir, que explana sobre o uso da tecnologia WMS nos processos de armazenamento de uma empresa do setor alimentício.

MARTINS, V. W. B. et al. Sistemas de gerenciamento de armazéns WMS (Warehouse Management Systems): estudo de caso de uma empresa do setor alimentício. ENCONTRO NACIONAL DE ENGENHARIA DE PRODUÇÃO, 30., São Carlos, out. 2010. **Anais...** Disponível em: <http://www.abepro.org.br/biblioteca/enegep2010_tn_stp_113_741_14863.pdf>. Acesso em: 5 jun. 2021.

Tecnologia aplicada à logística colaborativa

Conteúdos do capítulo:

- Tecnologias de logística colaborativa.
- Compartilhamento de informações e processos.
- Conexão entre tecnologia e logística 4.0.
- Inteligência logística colaborativa.
- Logística reversa colaborativa.

Após o estudo deste capítulo, você será capaz de:

1. analisar as tecnologias de logística colaborativa e sua importância para os processos logísticos;
2. discutir o compartilhamento de informações e processos;
3. identificar a conexão entre tecnologia e logística 4.0;
4. descrever a inteligência logística colaborativa;
5. compreender a logística reversa colaborativa.

Em um mundo globalizado, que necessita, a todo instante, de soluções inovadoras para otimizar serviços, as empresas têm de operar com sistemas de informações atualizados e constituir uma equipe de colaboradores capacitados para lidar com essas novas tecnologias, somente assim se mantêm ativas no mercado. Desse modo, é fundamental compreender quais são as tecnologias disponíveis e sua eficiência, aspectos determinantes para o sucesso das organizações, uma vez que, por meio dessas ferramentas, as empresas reduzem custos e alcançam maior satisfação dos clientes.

Nesse sentido, a logística reversa colaborativa também contribui, com base em atitudes sustentáveis, para a redução de custos logísticos, melhorando a imagem da empresa, o que se torna um elemento estratégico de gestão, pois fortalece a posição da empresa no mercado e cria novas perspectivas de negócios. E novas ferramentas e métodos inovadores são fundamentais para que as organizações apresentem diferenciais competitivos aos olhos dos consumidores.

capítulo 5

5.1 Tecnologias de logística colaborativa

O cenário logístico da cadeia de suprimentos está se desenvolvendo de modo contínuo em razão das modificações geradas pelo mercado, pelos fornecedores, pela concorrência e, claro, por questões econômicas. Para criar uma estratégia organizacional que consiga adequar-se a esse cenário e analisar de forma eficaz as melhores possibilidades, faz-se imprescindível o uso de novas tecnologias.

Para a logística, é fundamental a implementação de inovações tecnológicas, pois tecnologias de informação e comunicação afetam a execução dos processos logísticos. Em cada uma das fases da cadeia logística (suprimentos, industrial e distribuição física), assim como em cada um dos processos ou atividades essenciais da logística (transporte, armazém, gestão de estoques e processamento de informações), há perspectivas de geração e inserção de inovações tecnológicas, tanto em produtos quanto em processos (Taboada, 2009).

A tecnologia, para Tezani (2017), diz respeito às técnicas e aos conhecimentos diversos que o ser humano consegue criar. De acordo com a autora, o termo *tecnologia* (Figura 5.1) corresponde à junção das palavras gregas *tekno*, que significa "habilidade ou técnica", e *logos*, que denota "conhecimento ou ciência". Por isso, a tecnologia pode ser conceituada como um conhecimento (uma ciência) voltado a habilidades e/ou técnicas.

Figura 5.1 – Etimologia da palavra *tecnologia*

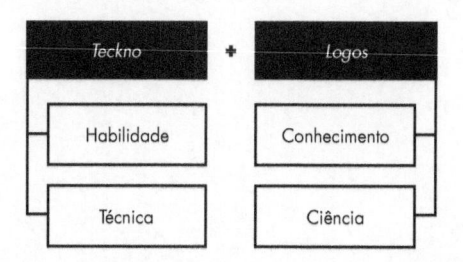

```
        Teckno      +      Logos

      Habilidade          Conhecimento

       Técnica              Ciência
```

As tecnologias adotadas no ambiente logístico são consideradas atividades de grande valor, visto que os sistemas de informação podem abrir novas oportunidades para inter-relações. Assim, a tecnologia da informação (TI) como parte da gestão de negócios tem proporcionado melhorias significativas na logística colaborativa.

> *Dentro de um sistema empresarial e operacional, a Tecnologia de Informação e a tecnologia da administração devem caminhar juntas, para que se possa estabelecer uma estratégia integrada; para isso, devem ser projetados e instalados processos organizacionais compatíveis com Sistemas de Informação de ponta disponíveis. A utilização adequada das ferramentas de informática, comunicação e automação, alinhada às técnicas de organização, gestão e estratégia de negócios, possibilitará o diferencial tão perseguido no ambiente competitivo. (Vieira, 2009, p. 16)*

Almeida e Schlüter (2012) defendem que a tecnologia desperta a evolução de sistemas automatizados de processamento de controle de pedidos, roteirização, manuseio de materiais e depósitos, bem como fomenta a reformulação dos canais de distribuição, possibilitando a implantação de sistemas de informações gerenciais em áreas como logística, gerenciamento de estoque, programação da produção e programação da força de vendas. A área de TI é a que mais cresce na logística, no entanto, é pouco explorada pelos gestores. Entrementes, todos deveriam entender de fato como os sistemas se integram dentro da cadeia, tendo em vista que a tecnologia desempenha um papel crucial na aquisição de bons índices de *performance* na logística (Szabo, 2016).

No contexto atual, em que existem conflitos diários por vantagem competitiva, a área de TI passou a desempenhar uma função menos operacional. O emprego eficaz das tecnologias é capaz de possibilitar a integração entre estratégias de diferentes componentes da cadeia de suprimentos, suscitando valor para a cadeia como um todo. Logo, as ferramentas de TI são cada vez mais necessárias às empresas, tendo em vista a manutenção de sua cadeia de produção (Szabo, 2016).

Vieira (2009) explica que, para sustentar uma perfeita coordenação e integração entre os mais diferentes agentes dentro de uma cadeia de suprimentos global, é imprescindível um **sistema de informação eficiente e ágil**, fundamentado em uma TI eficaz. Apenas assim, uma empresa pode originar produtos que supram as necessidades dos consumidores, com qualidade e baixo custo, mantendo-se ativa em um mercado altamente competitivo.

A integração, interna ou externa, necessita de um sistema de informação de qualidade, sendo esse um ponto fundamental para garantir um bom desempenho. Quando interna, ocorre um gerenciamento integrado dos variados elementos do sistema logístico interno da empresa, que vão desde o recebimento da matéria-prima, na etapa de suprimento, até a expedição do produto, na fase de distribuição física. A integração é um requisito imprescindível para que as empresas consigam alcançar a excelência operacional com baixo custo e qualidade exigida. Se externa, acontece uma junção de relacionamentos cooperativos com os diferentes participantes da cadeia de suprimentos, abalizados na confiança, capacitação técnica e, sobretudo, troca de informações. Essa integração só é possível com uma TI bem elaborada, que torne todo esse fluxo de informações ágil e eficaz. A TI, portanto, é o elemento-chave para possibilitar a visão sistêmica de toda a cadeia de suprimentos (Vieira, 2009).

No campo da logística, o emprego de TI está a serviço da agilidade, da confiabilidade e da flexibilidade, a fim de promover respostas cada vez mais eficientes às demandas do mercado e dos clientes (Marques; Oda, 2012).

As ferramentas de TI devem ser empregadas para dar suporte aos processos e às atividades de todos os componentes que formam a cadeia de suprimentos, do transporte de matéria-prima à distribuição do produto final, passando pela gestão de estoques e processos de fabricação. São esses instrumentos que possibilitam às empresas organizar e aferir informações com o propósito de que orientem a tomada de decisão. Os recursos advindos da área de TI ajudaram as empresas a diminuir seus custos operacionais, visto que foi possível trocar a mão de obra por sistemas de informação, propiciando mais rapidez (Szabo, 2016). Logo, para que os processos na logística colaborativa sejam desempenhados com eficiência, o uso de tecnologias adequadas torna-se imprescindível.

A relação mútua entre três componentes da tecnologia – (1) *cloud computing*, (2) logística 4.0 e (3) *softwares* – é responsável pelo funcionamento da logística colaborativa, em que esses elementos são direcionados para a gestão da cadeia de suprimentos. *Cloud computing*, ou **"computação em nuvem"**, corresponde a um "conjunto de recursos com capacidade de processamento, armazenamento, conectividade, plataformas, aplicações e serviços disponibilizados na internet. O resultado é que a nuvem pode ser vista como o estágio mais evoluído do conceito de virtualização" (Taurion, 2009, p. 2). Trata-se, portanto, de um mecanismo de tecnologia que auxilia o arquivamento, a organização e a integração de dados de diversas origens e que podem ser facilmente acessados pela internet, otimizando recursos. Com a computação em nuvem, podem ser utilizados recursos como *hardwares, softwares* e plataforma de desenvolvimento e serviços.

Veras (2011) cita a existência de três modelos principais de implementação do *cloud computing*:

1. **nuvem privada**, que abrange uma infraestrutura de nuvem operada e quase sempre gerenciada pela empresa cliente.
2. **nuvem pública**, oferecida publicamente pelo modelo pague-por-uso.
3. **nuvem híbrida**, que consiste na formação de duas ou mais nuvens privadas ou públicas.

Alguns benefícios do *cloud computing* elencados por Veras (2011) são:

- menores custos de infraestrutura;
- maior aproveitamento da infraestrutura;
- aumento da segurança;
- acesso a aplicações sofisticadas;
- economia de energia;
- aumento da produtividade por usuário;
- maior confiabilidade;
- maior escalabilidade por demanda.

O que é?

Escalabilidade ocorre quando um sistema consegue atingir um crescimento elevado de carga, sem que, com isso, sua atuação seja prejudicada, isto é, consiste na capacidade do sistema de se expandir sem baixar seu desempenho.

Muitas empresas contratam os serviços em nuvem (Figura 5.2) em substituição aos *datacenters*, que ocupam muito espaço e, às vezes, acabam tendo custo mais elevado se comparados à nuvem, que não ocupa espaço, visto que se trata de um recurso virtual no qual podem ser arquivadas e executadas variadas atividades em qualquer lugar. Alguns exemplos desses serviços em nuvem são o Google Drive, Dropbox e o OneDrive.

Figura 5.2 – *Cloud computing*

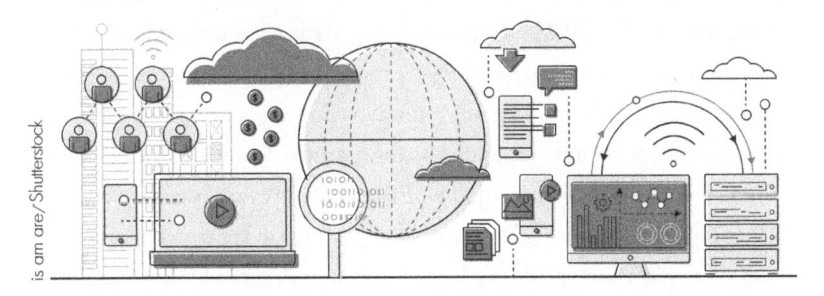

Segundo Santos (2018), a indústria 4.0 e a transformação digital industrial reorganizaram as dimensões humanas e o alcance das evoluções tecnológicas, atingindo, assim, a logística e a gestão da cadeia de suprimentos. Stevan Jr., Leme e Santos (2018) definem *logística 4.0* como o sistema responsável pela gestão de toda a cadeia de transporte e rastreio de produtos, com foco no armazenamento e na distribuição. Abrangendo essa definição, a logística 4.0 também é considerada uma expansão da logística tradicional, a qual aponta os impactos das tecnologias orientadas pelas atividades logísticas e pela indústria 4.0, sendo imprescindíveis os investimentos em tecnologia para elevar o *market share*.

O que é?

O *market share* diz respeito ao grau de participação de uma empresa no mercado, que é medido pela divisão, de acordo com o nicho, do número de clientes pela quantidade absoluta de clientes do mercado atual ou pela divisão do volume de vendas pelo volume total de vendas do mercado.

Uma evolução fundamental na logística 4.0 é o movimento de inteligência e decisões autônomas e semiautônomas para diversos campos da logística e da margem. Como parte dessa transformação, já existem caminhões e contêineres inteligentes, veículos autônomos, entre outros dispositivos (Santos, 2018). Contudo, o uso de um *cloud computing* nas operações com a logística 4.0 não é o bastante para as organizações, visto que, nessa área, é imprescindível que sejam utilizadas plataformas tecnológicas. Alguns exemplos de tecnologias de informação empregadas na cadeia de suprimentos são: EDI, WMS, RFID, ERP (que serão caracterizados adiante).

Os *enterprise resources planning* (ERPs), *softwares* para planejamento dos recursos empresariais, são extensamente utilizados nos negócios em virtude de sua funcionalidade de integração dos fluxos internos de informações e pelas interfaces com fluxos externos. Todos os ERPs contemplam o *material planning* (MRP), subsistema que integra informações sobre demanda e o gerenciamento de pedidos ao planejamento de produção e de compras, chegando ao sequenciamento da produção diária. Muitos ERPs contam com o *Warehouse Management*

System (WMS), sistema de gestão dos armazéns e, se não o possuem, dispõem das interfaces necessárias para sua implantação (Buller, 2012).

O ***Enterprise Resource Planning*** (ERP) é um conjunto de "*softwares* ou sistemas de gerenciamento dos recursos organizacionais [...] que integram, de forma eficaz, todos os sistemas operacionais da empresa" (Almeida; Schlüter, 2012, p. 160). Para Izidoro (2016), os sistemas ERP foram elaborados com o intuito de apresentar uma visão completa das informações e de todas as atividades entre as empresas, tendo como propósito organizar, padronizar e integrar as informações transacionais que passam pelas empresas, contribuindo com o acesso à informação em tempo real por meio de uma base de dados central.

Dessa forma, o ERP integra todos os dados organizacionais, de todas as áreas, deixando-os disponíveis a todo o tempo, o que permite maior agilidade e precisão do fluxo de informações das atividades do negócio. Almeida e Schlüter (2012) explicam que, em geral, os sistemas integrados de gestão diferem dos demais sistemas existentes, visto que (a) fazem uso de um banco de dados centralizado ou de um armazém de dados; (b) organizam-se por meio de modelos-padrão de processos; (c) seu papel principal é garantir a integração de sistemas de diversas áreas das empresas; (d) têm grande alcance e apresenta ótimo desempenho funcional.

Perguntas & respostas

A implantação de um sistema ERP envolve quais setores da organização?

Resposta: A implantação de um sistema ERP envolve toda a organização, por isso deve ser realizada com cautela, de forma a eliminar possíveis impactos em processos específicos. Desse modo, é necessário, antes de proceder à implantação, realizar um estudo preliminar, com análises de questões técnicas e processos organizacionais mais complexos.

O ***Warehouse Management System*** (WMS) é um sistema de gerenciamento empregado em armazéns que integra e processa informações para destinação e localização de materiais estocados, bem como para controle e uso de carga produtiva de mão de obra e elaboração de relatórios para os mais variados tipos de assistência e gestões (Almeida; Schluter, 2012). Com isso, o WMS torna mais eficientes as atividades ligadas ao uso dos espaços e às rotinas de distribuição dos armazéns (Figura 5.3), além de contribuir com os processos de gerenciamento e de planejamento de mão de obra nos estoques.

Figura 5.3 – Armazéns

Vectorpocket/Shutterstock

Segundo Stanton (2019), os principais atributos do WMS são:
- realizar as funções de armazenamento, envio ao estoque e separação do pedido;
- oferecer ferramentas de auxílio à contagem de estoque e, se necessário, efetuar os devidos ajustes;

- auxiliar os processos mais complexos, como combinar produtos individuais em *kits* ou, ainda, na montagem de *kits*;
- rastrear o processo de divisão de carregamento a granel em unidades menores.

Exercício resolvido

Atualmente, muitas tecnologias podem ser empregadas nas cadeias de suprimentos. Uma delas é o WMS, ferramenta logística voltada à integração da cadeia e associada a movimentações no interior de armazéns e centro de distribuição (CD). Essa ferramenta registra os momentos exatos em que ocorre qualquer atividade nesses espaços com a finalidade de gerenciar e otimizar os serviços de gestão de estoques. São características do WMS:

a. emitir boletos de cobrança, identificar os prazos de validade, analisar os pedidos recebidos e otimizar a saída de mercadorias para entrega;
b. separar automaticamente a mercadoria para entrega, identificar as melhores rotas e emitir relatórios de movimentação do estoque;
c. emitir alertas em situações identificadas como incomuns, apresentar um custo reduzido e ser implementado por meio de uma rede de *softwares* específicos;
d. realizar o controle e a atualização de estoque, otimizar o uso dos espaços de armazenagem, efetuar o controle de inventário e analisar os pedidos recebidos;
e. otimizar as entregas mediante roteirização, emitir alertas em situações anormais, emitir boletos, analisar as pendências e realizar cobranças.

Resposta: (d). O WMS é um sistema de gestão de estoque, armazém e CD voltado à otimização dos serviços nas atividades relacionadas com o fluxo de mercadorias, materiais e informações. Entre essas atividades estão o controle de armazenagem, o controle de inventário, a otimização dos espaços de armazenagem e a análise dos pedidos recebidos, entre outras.

O **Radio Frequency Identification** (RFID), ou "identificação por radiofrequência", corresponde a um conjunto de sistemas de identificação por radiofrequência que tem como intuito rastrear a movimentação de mercadorias ao longo da cadeia de suprimentos (Izidoro, 2016). Essa tecnologia surgiu como substituição aos códigos de barras convencionais impressos nas embalagens, uma vez que utiliza microchips, também chamados de *etiquetas inteligentes*, que enviam dados, através de ondas de rádio, para registro e acompanhamento dos produtos nas empresas.

Na gestão da cadeia de suprimentos e no controle de estoques, os sistemas RFDI recolhem e gerenciam informações de maneira mais minuciosa que os códigos de barras e ajudam a identificar itens que logo estarão esgotados, gerando, automaticamente, uma lista de produtos para reposição (Izidoro, 2016). O RFDI auxilia o controle do fluxo de produtos por toda a cadeia de suprimentos de uma organização, possibilitando seu rastreamento desde a fabricação até o ponto final da distribuição.

Já o **Electronic Data Interchange** (EDI), ou "intercâmbio eletrônico de dados", consiste em uma ferramenta que tem como finalidade integrar o sistema da organização com os dos demais parceiros – fornecedores, distribuidores, clientes –, por meio do compartilhamento de informações e arquivos, com garantia de agilidade e segurança. Trata-se, portanto, de um *software* que influencia diretamente a rotina dos vendedores, pois agiliza o processo de comunicação com a organização na transmissão de dados de pedidos. Esse sistema pode identificar o instante exato de ressuprimento e enviar um pedido de forma automática, favorecendo, assim, a diminuição de custos e de estoques por meio do envio da informação acertada e imediata da posição correta da mercadoria no estoque (Almeida; Schlüter, 2012).

Logo, o EDI é um instrumento que possibilita a troca de documentos comerciais, isto é, dados e informações manuseados por empresas são transferidos eletronicamente de seus computadores para os computadores de seus parceiros comerciais. Nesse momento, os dados são automaticamente tratados e ajustados ao sistema sem a necessidade de alguém digitá-los, assegurando, assim, a confidenciabilidade das informações, a redução de erros e o volume de papel, ao mesmo tempo em que elevam a eficiência e a rapidez na comunicação entre os parceiros comerciais (Caxito, 2019).

Em suma, é evidente que o uso de TI na logística colaborativa torna-se o elemento responsável por interligar o *cloud computing* e a logística 4.0, o que permite que as informações sejam disponibilizadas para os parceiros e sirvam de base para a busca de oportunidades inovadoras, com custos reduzidos e processos otimizados.

5.2 Compartilhamento de informações e processos

A informação precisa e contínua é um diferencial para as organizações, pois auxilia a tomada de decisão e orienta o planejamento estratégico da empresa, uma vez que o compartilhamento de informação de maneira precisa garante a otimização dos processos, por isso figura como uma vantagem competitiva. A informação é essencial à cadeia de suprimentos, pois é partir dela que os administradores tomam suas decisões. A área de TI, nesse aspecto, proporciona a análise dos dados de maneira a conduzir decisões mais acertadas.

Tomaél (2012), considerando as características da informação já veiculadas pela literatura, define *informação* como um processo de concepção de sentidos dos fatos, decorrente do saber, dos acontecimentos, das especulações, das ações e dos projetos, cujo conteúdo mistura-se com o ambiente. A informação, desse modo, pode confirmar fatos e tendências, provocar a acumulação do conhecimento em favor da memória, alastrar-se no tempo e no espaço, e, a fim de tornar-se pública, emprega os mais variados meios de comunicação.

Izidoro (2016) destaca três principais características da informação, quais sejam:

1. **precisão**: os dados devem estar de acordo com a realidade;
2. **acessibilidade**: as informações devem estar completas no tempo certo;
3. **utilidade**: as empresas devem selecionar as informações alimentadas no sistema a fim de otimizar seu processo de decisão.

Operações logísticas continuamente mais eficientes são possíveis por meio de informações amplas e atualizadas, que consigam expandir-se pela organização, ocorrendo o mesmo com o compartilhamento de informações adequadas com os integrantes da cadeia de suprimentos (Ballou, 2006).

O compartilhamento de informações apresenta diversas vantagens tanto para a organização quanto para os demais membros envolvidos nos processos que formam a cadeia de suprimentos. Com a informação, é possível saber o que os clientes almejam, o nível de armazenamento do estoque e o momento ideal para produzir novos produtos. Sem ela, no entanto, o administrador não consegue organizar a demanda, o estoque, os transportes dos produtos, isto é, é a informação que orienta as melhores decisões pelas quais é possível aprimorar a cadeia de suprimentos (Izidoro, 2016).

Assim, o compartilhamento de informações é fundamental para elevar a produtividade e conceber vantagens significativas, pois aperfeiçoa a capacidade das empresas e colabora para a aprendizagem organizacional, além de melhorar a eficiência e diminuir expressivamente o custo de muitos produtos e serviços. De forma coletiva, os benefícios que derivam da divisão de informação colaboram intensamente para a democratização de oportunidades (Tomaél, 2012).

Izidoro (2016) classifica as informações em:

- **Informações do fornecedor**: anunciam os produtos que podem ser comprados, seu preço e sua forma de entrega, bem como a situação do pedido e o meio de pagamento.
- **Informações de fabricação**: compreendem os produtos em processo de produção, ditadas as quantidades, seu custo e sua localização.
- **Informações de distribuição e varejo**: abrangem o que deve ser transportado, sua quantia, seu preço, a forma de deslocamento e a quantidade que deve ser armazenada em cada lugar.
- **Informações de demanda**: envolvem quem está comprando o quê, a que preço, onde e em qual quantidade.

Figura 5.4 – Compartilhamento de informações

[Diagrama de Venn com quatro círculos sobrepostos: Fornecedor, Demanda, Fabricação, Distribuição e varejo]

Desse modo, o compartilhamento de informações e processos é uma ferramenta de gestão estratégica essencial para a organização como um todo, colaborando para sua própria existência e manutenção. Vale ressaltar que as informações operacionais diferem das gerenciais. As **informações operacionais** são aquelas produzidas no cotidiano da organização, obtidas internamente e com o objetivo de efetuar um controle em nível operacional; já as **informações gerenciais** são voltadas ao acompanhamento e planejamento, ou seja, orientam de maneira mais direta a tomada de decisão em nível tático ou gerencial.

O **fluxo de informações** é um componente de compartilhamento, pois se trata de uma movimentação de dados discriminados entre os elementos de uma cadeia de suprimentos, por exemplo dados sobre pedido, cliente, atendimento do pedido, *status* da entrega e comprovante de entrega. Essas informações são de grande valia, pois refletem a oportunidade de alçar um desempenho acima da média em relação aos concorrentes. Esse fluxo pode ocorrer em qualquer sentido da cadeia de suprimentos, não apenas na direção do fornecedor ao consumidor final (Izidoro, 2016)

Conforme salienta Buller (2012), um sistema de informações logísticas tem o objetivo de coletar, conservar e processar informações que auxiliem os processos decisórios, desde a formulação de estratégias até a coordenação de questões operacionais. Nesse cenário, os aperfeiçoamentos da informática e dos sistemas de informação empresariais possibilitam o compartilhamento de informações entre organizações.

A informação, segundo Izidoro (2016), é empregada diante de decisões relativas a estoques, transporte e instalações gerais na cadeia de suprimentos, sendo:

- **Estoque**: a determinação de políticas de estoque depende de informações sobre padrões de demanda, custo de manutenção do estoque e custo do pedido.
- **Transporte**: as definições de rotas, remessas e fornecedores precisam de informações sobre custos, localização dos clientes e tamanho dos carregamentos.
- **Instalações**: as descrições de localização e de capacidade carecem de informações sobre demanda, taxas de câmbio e impostos.

Após iniciadas as atividades da cadeia de suprimentos, os sistemas rastreiam informações sobre processos, promovem o compartilhamento de informações dentro da empresa e entre parceiros da cadeia e ajudam na tomada de decisão gerencial. Os sistemas completos de informações são compostos por uma combinação de subsistemas de transações de apoio à decisão e de comunicação (Bowersox et al., 2014).

Desse modo, a TI é empregada com o intuito de reunir e examinar as informações, o que, posteriormente, provoca impacto positivo na atuação das organizações, pois são adquiridas informações precisas e constantes sobre todas as atividades da empresa na cadeia de suprimento. Exemplificando: uma organização, com diversas filiais espalhadas pelo país, troca informações constantemente por meio de um sistema operacional que coaduna dados sobre estoque, entregas, rotas percorridas, forma de pagamento etc. Assim, quando uma filial precisa vender um produto que não está disponível em seu estoque, pode acessar o sistema dessa empresa sem precisar efetuar nenhum outro contato, agilizando, assim, as entregas por setor de acordo com as demais filiais, o que torna os serviços mais eficientes para as organizações e seus clientes. Portanto, a cadeia é vista de forma global, e, por meio dela, o administrador tem condições de delinear estratégias com base em dados confiáveis. A visão da cadeia de suprimentos como um todo pode ajudar o gestor a elaborar iniciativas que aumentem os lucros da empresa (Izidoro, 2016).

Bowersox et al. (2014) citam quatro razões pelas quais a informação oportuna e acurada se tornou, com o passar do tempo, mais crítica no projeto e nas operações de sistemas logísticos:

1. Aos clientes são fornecidas informações sobre a situação do pedido, a disponibilidade do produto, o rastreamento da entrega e o faturamento, elementos essenciais na garantia de um bom atendimento.
2. Com a finalidade de diminuir os ativos totais da cadeia de suprimentos, os gerentes usam a informação para reduzir o estoque, visto que a incerteza da demanda é minimizada.
3. A informação eleva a flexibilidade com relação a *como*, *quando* e *onde* os recursos podem ser empregados a fim de obter vantagens competitivas.
4. O acréscimo da transferência e da troca de informações através da internet oportuniza a colaboração e reorienta os relacionamentos na cadeia de suprimentos.

O compartilhamento de informações é alicerce para a coordenação dos processos de negócios e das atividades dos membros-chave da cadeia de suprimentos, já que a visibilidade entregue às empresas orienta as tomadas de decisão que elevam a rentabilidade de toda a cadeia (Buller, 2012).

Para Ballou (2006, p. 133), um sistema de informação logística (SIL)

precisa ser abrangente e ter a capacidade suficiente para permitir a comunicação não apenas entre as áreas funcionais da empresa (marketing, produção, finanças etc.) mas também entre os membros do canal de suprimentos (vendedores e clientes). Compartilhar informação selecionada sobre vendas, embarques programas de produção, disponibilidade de estoques, situação dos pedidos e similares com vendedores e compradores são ações que conseguem reduzir as incertezas ao longo da cadeia de suprimentos, à medida que seus usuários vão encontrando maneiras de tirar proveito da disponibilidade da informação.

No SIL, segundo Ballou (2006), os principais subsistemas são:

- **Sistema de gerenciamento de pedidos (SGP):** dirige o contato inicial com o cliente na fase de procura de produtos e fechamento de pedidos, informando-o sobre a exata localização da mercadoria na cadeia de suprimento, suas quantidades disponíveis e o prazo estimado da entrega. O SGP também procede à verificação do crédito, à alocação do produto ao pedido do cliente e ao embarque da mercadoria, encaminhando, posteriormente, o faturamento.

- **Sistema de gerenciamento de armazéns (SGA):** pode abranger o SGP ou ser tratado como uma entidade avulsa no domínio do SIL. Compreende fases como gerenciamento dos níveis de estoques, expedição de pedidos, roteamento da expedição, atribuições e carga de trabalho do encarregado da expedição e estimativa da disponibilidade dos produtos.
- **Sistema de gerenciamento de transportes (SGT):** corresponde ao transporte *da* e *para a* empresa. Sua atribuição é oferecer ajuda ao planejamento e controle da atividade de transportes da empresa. Compreende tarefas como seleção de modais, consolidação de fretes, roteirização e programação de embarques, processamento de reclamações, rastreamento de embarques, além de faturamento e auditagem dos fretes.

5.3 Conexão entre tecnologia e logística 4.0

A logística 4.0 tem como finalidade desenvolver processos mais eficientes para o campo da logística por intermédio do emprego de tecnologias e recursos direcionados para o aumento da eficiência e da agilidade, de modo a disponibilizar melhores produtos e serviços para a cadeia produtiva e promover a evolução da empresa.

Segundo Stevan Jr., Leme e Santos (2018), a indústria 4.0 é movida por uma intensa integração e coesão entre todos os setores, que dispõem de altas tecnologias de informação e comunicação. Os recursos informacionais propiciam que as informações sejam distribuídas e acessadas por todos os setores da indústria. Logo, o objetivo da indústria 4.0 é integrar máquinas e equipamentos inteligentes em um sistema de produção a fim de, com isso, alcançar maior eficiência, desempenho, conforto e segurança. A logística 4.0 surge, portanto, juntamente à indústria 4.0, como uma resposta à transformação sofrida no mundo tecnológico, que dispõe de elevado grau de automatização dos processos, compartilhamento de informações mais ágil, além de elementos robóticos, o que permite à gestão organizacional ser ainda mais eficiente

A logística 4.0 baseia-se no conceito de *internet of things* (IoT), ou "internet das coisas", que consiste em um conjunto de tecnologias e protocolos que possibilitam que objetos interajam uns com os outros processando informações, ou seja, os objetos do cotidiano, conectados à internet, comunicam-se entre si. Assim, os conceitos da logística 4.0 podem auxiliar os profissionais a amortizar os prejuízos com ativos, reduzir custos com combustível, assegurar a manutenção da temperatura ideal, gerenciar estoque do armazém, conceber uma visão do usuário e estabelecer a eficiência de frotas (Freitas; Fraga; Souza, 2016).

Stevan Jr., Leme e Santos (2018) afirmam que a logística 4.0 é responsável pelo abastecimento e pela entrega de produtos, bem como pelo apoio crucial que oferece aos profissionais que controlam a cadeia de suprimentos. De forma pontual, a logística 4.0:

- diminui a perda de ativos;
- identifica os problemas relacionados aos produtos e encontra uma solução em tempo;
- reduz os custos com combustível;
- otimiza as rotas das frotas;
- acompanha as condições de tráfego;
- conduz as condições de resfriamento de produtos durante o transporte;
- está atenta ao ponto de vista do cliente por meio do processo de acompanhamento bilateral de encomendas;
- oferece um melhor conhecimento da demanda e da rede de suprimentos.

A logística 4.0 é considerada, então, um pilar estratégico para os negócios das organizações, pois eleva os resultados com o uso de sistemas inteligentes, embasados em um maior controle dos processos e um acompanhamento preciso das atividades.

Exercício resolvido

Com relação à logística 4.0, analise as afirmativas a seguir.

I. Com o surgimento da logística 4.0, as empresas passaram a ter mais autonomia em seus processos mediante adoção de métodos voltados ao gerenciamento dos operadores externos.

II. A logística 4.0 proporciona uma análise de dados logísticos mais aperfeiçoada, diminuindo, assim, a perda de ativos e promovendo um melhor conhecimento da demanda e da rede de suprimentos.

III. Uma grande desvantagem da logística 4.0 é sua incapacidade de identificar a ocorrência de um problema.

Assinale a alternativa correta:

a. Apenas a afirmativa I é verdadeira.
b. Apenas a afirmativa II é verdadeira.
c. As afirmativas II e III são verdadeiras.
d. Apenas a afirmativa III é verdadeira.
e. Todas as afirmativas são verdadeiras.

Resposta: (b). A logística 4.0 eleva o grau de automatização dos processos, tornando-os mais eficientes para a gestão organizacional. Além disso, é falsa a afirmativa de que ela não é capaz de identificar problemas, pois não apenas os identifica, mas também encontra soluções rapidamente por meio do uso de sistemas inteligentes.

A logística opera desde o mapeamento e o monitoramento de cargas dentro dos estoques da indústria até o acompanhamento durante o transporte. Contudo, é preciso reiterar que esse processo inicia no instante em que o cliente faz um pedido via internet, por exemplo, e ele tem acesso a informações detalhadas desse pedido, do despacho à previsão de entrega do produto. Além do mais, a logística 4.0 não trabalha apenas com informações disponíveis na nuvem, o que garante, por meio de um cruzamento de dados, o fornecimento de melhores estratégias, avaliações mais acertadas sobre situações *on-line* de tráfego e sobre o tempo de entrega das encomendas em transporte, com vistas a otimizá-lo (Stevan Jr.;

Leme; Santos, 2018). Ainda, a internet também pode trazer vantagens que ampliam os processos da cadeia de abastecimento, como o uso de ativos, a otimização de espaço de armazém ou o planejamento da produção (Freitas; Fraga; Souza, 2016).

Para saber mais

Recomendamos a leitura do artigo a seguir, que revela vários pontos importantes a respeito do surgimento da indústria 4.0 e seus possíveis impactos na logística. Os autores apresentam as áreas da logística que mais inovaram e os desafios encontrados na modernização e na otimização dos processos por meio de tecnologias que conferem eficiência à logística como um todo.

SILVA, E. F. da; KAWAKAME, M. dos S. Logística 4.0: desafios e inovações. CONGRESSO BRASILEIRO DE ENGENHARIA E PRODUÇÃO, 9., Ponta Grossa, dez. 2019. **Anais**... Disponível em: <http://aprepro.org.br/conbrepro/2019/anais/arquivos/09272019_160930_5d8e6626548f1.pdf>. Acesso em: 5 jun. 2021.

Portanto, é por meio da logística 4.0 que insumos, produtos e informações se movimentam. As máquinas e os equipamentos são computadorizados com um nível de inteligência e tomada de decisão integrados, sistema robótico colaborativo, impressões 3D para a fabricação de produtos e componentes para um sistema de produção inteligente. Esse campo integra e compartilha informações de recursos e elementos da cadeia de suprimentos mediante o emprego de plataformas abertas, como computação em nuvem (Stevan Jr.; Leme; Santos, 2018).

> *A indústria 4.0 assenta-se na integração de tecnologias de informação e comunicação que permitem alcançar novos patamares de produtividade, flexibilidade, qualidade e gerenciamento, possibilitando a geração de novas estratégias e modelos de negócio para a indústria, sendo, por isso, considerada a Quarta Revolução Industrial ou Quarto Paradigma de Produção Industrial. (Sacomano et al., 2018, p. 28-29)*

Sacomano et al. (2018) explicam como seria, na prática, todo esse processo: inicialmente, o pedido é realizado pelo cliente de forma *on-line*, sendo encaminhado aos setores de planejamento e controle de produção. Depois, o sistema de segurança analisa se o pedido compete a uma pessoa idônea para que seja gerada, automaticamente, a lista de materiais para a preparação do pedido, identificando se os materiais necessários para a produção constam em estoque. Caso não constem, o sistema verifica com os fornecedores os prazos de entrega, comparando com o prazo do pedido. O sistema pode, até mesmo, abrir consultas com fornecedores mundiais a fim de angariar os insumos necessários para a data esperada ou, ainda, negociar com o cliente outro prazo de entrega. Quanto à linha de produção, atuadores e sensores controlam o processo produtivo transmitindo as informações para uma central que as repassa para os supervisores via internet ou intranet. Cada estação de trabalho troca informações com as outras estações de trabalho de maneira descentralizada. O pedido é, então, produzido, e o próprio sistema avisa ao cliente, emite a documentação indispensável para o embarque do pedido e solicita à logística o transporte. O cliente passa a rastrear *on-line* o trânsito do pedido, desde a fábrica até a entrega.

5.4 Inteligência logística colaborativa

Inteligência logística refere-se a um conjunto de habilidades e conhecimentos que permite melhores atuações organizacionais dentro do processo logístico, buscando diferir uma empresa das demais no mercado competitivo e satisfazer plenamente o cliente. A inteligência logística alinha distintas áreas da organização e entrega um propósito comum aos profissionais (Mansilha, 2013).

A inteligência logística colaborativa faz com que essas habilidades e conhecimentos desenvolvam respostas ágeis e eficazes para as demandas dos parceiros. Quando a automação dos processos é realizada concomitantemente às atividades da logística colaborativa, gera-se ainda mais vantagens para todos os envolvidos na cadeia, visto que a inteligência é adicionada ao cumprimento dos processos logísticos. Tezani (2017) destaca que as competências e as habilidades técnicas desenvolvidas pelas cadeias, que entregam respostas mais rápidas e eficazes aos desafios oferecidos pelo mercado, podem ser caracterizadas pela inteligência logística.

Esse tipo de inteligência exige da empresa que, primeiramente, instaure uma prática de aprendizado organizacional voltada para uma cultura centrada no conhecimento da própria organização, pensando em soluções exclusivas para ela. A partir desse processo, a inteligência logística deve ampliar seu desempenho para os outros que formam o sistema logístico da empresa, até que todos sejam alcançados. É importante, contudo, que, mesmo após serem trabalhados, os processos não sejam esquecidos, mas haja um acompanhamento contínuo e controlado a fim de assegurar melhores resultados (Mansilha, 2013).

Logo, é preciso, basicamente, gerir diversas atividades integradas e multifuncionais, tanto interna quanto externamente (parceiros), com vistas a produzir conhecimento e aperfeiçoar as práticas organizacionais dos colaboradores, a fim de otimizar processos logísticos e acrescentar valor a serviços e produtos. A inteligência logística apresenta as seguintes vantagens:

- redução dos custos inerentes aos processos logísticos;
- agilidade nas entregas ao consumidor final;
- desenvolvimento do perfil do cliente;
- aperfeiçoamento da relação com os parceiros;
- apuração da visão crítica quanto à otimização dos processos logísticos.

O cenário de competitividade global obriga as organizações a potencializar suas capacidades a favor do ganho sustentável para todos os membros da cadeia logística. A inteligência logística é um diferencial competitivo entre cadeias de suprimentos, dada a tendência à igualdade, com a globalização, de custos e níveis de serviços praticados no mercado.

Uma forma de implantação da inteligência logística colaborativa é via plataformas colaborativas e centros de distribuição compartilhados. Nesses ambientes, dotados de infraestruturas adequadas, a logística torna-se mais eficiente, uma vez que neles estão contidos todos os aspectos que podem assegurar a aplicação da inteligência logística colaborativa, o que a torna um diferencial competitivo, pois figura como um serviço profissional preocupado em elevar a qualidade dos serviços. Outro exemplo são as diversas reuniões normalmente realizadas no ambiente corporativo por motivos variados: tomar decisões a respeito de um problema específico ou debater sobre algum assunto geral. Tais reuniões indicam o funcionamento de uma inteligência organizacional que, quando voltada para a área de logística, passa a ser chamada de *inteligência logística* (Mansilha, 2013).

O desempenho eficaz da logística depende não apenas de profissionais ligados a essa área, mas também da participação de outras equipes e, até mesmo, de outras empresas. Com a integração de todos os participantes, é possível ter uma visão total das operações, auxiliando a tomada de decisão com ênfase às necessidades dos clientes. Um ponto importante é que as tecnologias não dizem respeito apenas às máquinas, pois existem áreas que se concentram especificamente em produzir conhecimento teórico. A linguagem, por exemplo, é um tipo de tecnologia da inteligência concernente a uma construção humana que possibilita a comunicação entre pessoas de um grupo social (Tezani, 2017).

A visibilidade, por seu turno, é responsável por possibilitar que informações relevantes sejam alcançadas a qualquer instante, o que auxilia o controle dos processos e a resolução de problemas, trazendo agilidade, transparência e precisão nas ações, logo, serve à tomada de decisão. Assim, além de acrescentar inteligência ao cumprimento de processos logísticos, a verificação das informações reduz os riscos de erro de processamento, eleva o grau de produtividade, aumenta a oferta de equipamentos, facilita a programação do transporte de material, aprimora o uso de informações para a elaboração de rotas mais inteligentes e assegura o cumprimento das normas regulamentadoras.

5.5 Logística reversa colaborativa

Ultimamente, tem-se apontado que produtos da cadeia de suprimentos não se movimentam em um só sentido (da aquisição de matérias-primas básicas na natureza até o consumo de produtos acabados), mas também em sentido contrário ou reverso, isto é, da disposição final, após o consumo, até as fontes de produção (Robles; La Fuente, 2019).

O processo logístico reverso emprega as mesmas atividades do processo logístico direto, com a diferença precípua de começar suas atividades após o término da logística direta, fornecendo o produto ao consumidor final, que, por sua vez, forma os resíduos de pós-venda e pós-consumo, os quais, pela logística reversa, podem ser reinseridos no processo produtivo, encerrando, assim, o ciclo logístico total (Guarnieri, 2013).

Razzolini Filho e Berté (2013, p. 63) assumem o conceito de logística reversa oferecido pelo Conselho de Logística Reversa e Sustentabilidade, que a define como

> *processo de planejamento, execução e controle da eficiência, do custo efetivo do fluxo de matérias-primas, produtos em processo, de bens acabados, bem como de relações de informações, do ponto de consumo para o ponto de origem com o propósito de recuperar valor para o material ou de descartá-lo de forma adequada.*

O que é?

O Conselho de Logística Reversa e Sustentabilidade é uma associação comercial voltada aos aspectos da logística reversa e sustentabilidade, sendo composto por revendedores, fabricantes, provedores 3PL, especialistas em mercados secundário e recuperação de ativos, consultores de logística reversa e cadeia de suprimentos, professores e líderes acadêmicos.

Hoje, a logística reversa corresponde a uma estratégia organizacional, pois integra o planejamento da empresa e atua como um subsistema dos processos logísticos, aumentando a competitividade e a otimização dos serviços. Para Izidoro (2015), a logística reversa, por meio de sistemas operacionais distintos em cada categoria de fluxos reversos, garante o retorno de bens ou materiais integrantes do ciclo produtivo ou do negócio como um todo. Portanto, essa atividade agrega valor econômico, de serviço, ecológico, legal e de localização, de duas formas, essencialmente: (1) ao criar as redes reversas e as informações correspondentes; e (2) ao preparar o fluxo a partir da coleta de bens de pós-consumo ou pós-venda, mediante processamentos logísticos de consolidação, separação e seleção, até o regresso novamente ao ciclo.

A implantação da logística reversa demanda a observância de vários aspectos, como a veiculação correta da informação e o estabelecimento de etapas bem definidas na fase de organização dos processos a serem desenvolvidos. Vieira (2009) assevera que a logística reversa corresponde à área da logística que cuida dos elementos relativos ao retorno de produtos, embalagens ou materiais ao seu centro produtivo. Seu propósito é atuar no desenvolvimento econômico e social por intermédio de um conjunto de ações e métodos que buscam possibilitar a restituição dos resíduos sólidos ao domínio empresarial. Trata-se, portanto, de reaproveitar produtos e resíduos em seu ciclo de vida ou em outros ciclos produtivos, bem como realizar a destinação final de forma adequada, respeitando o meio ambiente (Campos; Goulart, 2017).

Caxito (2019) informa que o desenvolvimento de um projeto eficiente de logística reversa deve considerar os seguintes aspectos:

- **Viabilidade**: linhas de crédito próprias para projetos associados ao meio ambiente; avaliação dos fatores competitividade e ecologia; reconhecimento de possíveis parceiros ou alianças.
- **Coleta**: locais estratégicos e postos de recepção, centrais de reciclagem, incineradores e recicladores; quantidade de produtos revertidos; verificação e quantificação de retornos de materiais não identificados ou desautorizados; rede sólida de coleta; otimização de fretes.
- **Processamento**: sistema de gerenciamento ambiental; processamento do material apanhado; questões de saúde e higiene na manipulação e no transporte dos materiais; automação dos processos de separação dos materiais; programas educacionais para os componentes da cadeia de abastecimento e para as comunidades participantes.
- **Reutilização**: destino a ser concedido aos materiais originados no reprocessamento; identificação do mercado consumidor e dos canais de comercialização; divisão de responsabilidade quanto ao destino entre governo, consumidores e cadeia produtiva.

O planejamento da logística reversa permite compreender os variados meios de emprego dos fluxos reversos de revalorização, bem como as respectivas formas de negócios, ou seja, como utilizar as matérias-primas que retornam e suas forma de comercialização.

Exercício resolvido

A logística reversa, além de proporcionar um serviço completo ao cliente, implementa e controla de forma eficaz o fluxo reverso por intermédio de procedimentos e meios de recolha de produtos, após sua destinação final, para que retornem ao processo produtivo ou sejam encaminhados ao destino mais apropriado. São atitudes que podem ser empregadas na logística reversa colaborativa:

a. parcerias com operadores logísticos de serviços especializados de transporte e consolidação de produtos retornados, reduzindo, assim, a quantidade de combustível utilizada e a emissão de gases no ambiente.

b. parcerias comerciais com a venda casada de produtos, permitindo que os produtos sejam armazenados em duas empresas concomitantemente.

c. parcerias de longo prazo, em que a compra é realizada com apenas um fornecedor.

d. parcerias com o governo com vistas a diminuir de tributos, aumentando, assim, os lucros para que sejam investidos em sustentabilidade.

e. entrega de folhetos e cartilhas com orientações para a comunidade sobre atitudes sustentáveis.

Resposta: (a). As parcerias com operadores logísticos de serviços especializados são atitudes que podem ser tomadas na logística colaborativa com o objetivo de reduzir custos e promover atitudes socioambientais, não há relação com vendas casadas, compras com apenas um fornecedor, parcerias com o governo e tampouco entrega de cartilhas ou folhetos, que geram uma grande quantidade de papel no meio ambiente.

Campos e Goulart (2017) explicam que, dentro da organização, a logística reversa pode ser empregada de acordo com a preferência de retorno, que são de três tipos:

1. **reciclagem**: trata-se do reaproveitamento da estrutura do produto;
2. **remanufatura**: compreende a desmontagem do produto e o emprego das peças em condições adequadas para a fabricação de novos produtos;
3. **reuso**: refere-se ao produto que, após limpo e reprocessado, pode ser utilizado mais de uma vez em sua forma original.

Isso significa que os produtos, depois de consumidos ou usufruídos, podem retornar à cadeia produtiva como matéria-prima, pois são reutilizados nos processos produtivos ou, então, enviados para cadeias produtivas distintas a fim de se tornarem novos ou outros produtos. Por exemplo, a reciclagem é muito utilizada com as latinhas de cerveja ou refrigerante; já o reuso com as garrafas PET (que também podem ser recicladas); e a remanufatura, com pneus de veículos.

Sousa (2019) entende que a logística reversa contribui para a ampliação do ciclo de vida dos produtos ao proporcionar trocas e reutilização de insumos reciclados e de produtos manufaturados, bem como para a eficiência da organização, pois diminui os custos com aquisições de matérias-primas e consolida a fidelidade dos clientes, principalmente os ambientalmente conscientes, cuja preferência volta-se para as organizações que seguem os padrões de sustentabilidade.

Um ponto a ser examinado na etapa de projeto de logística reversa é a formação de parcerias ou alianças com outras empresas que façam parte de programas ambientais ou que já executem a logística reversa, pois, como esta é uma operação em que a economia de escala é motivo significativo e os volumes do fluxo reverso são comumente mais reduzidos, uma alternativa viável é a terceirização por meio de alianças (Vieira, 2009).

As cadeias de suprimentos apresentam formas inter-relacionadas de desempenho e, por isso, configuram redes facilmente conduzidas ou dirigidas por empresas focais, isto é, organizações que estabelecem relacionamentos com e entre fornecedores e distribuidores. Essas inter-relações podem caracterizar parcerias pela interdependência dos participantes (Robles; La Fuente, 2019). Vieira (2009) fornece o seguinte exemplo: o Instituto Nacional de Processamento de Embalagens Vazias (Inpev) firma parcerias com correios e empresas de transportes para a coleta das embalagens de agrotóxicos, estabelecendo, assim, uma rede de coleta que compreende todo o território brasileiro.

O desenvolvimento de redes colaborativas de logística reversa apresenta diversos benefícios na busca pelo gerenciamento mais apropriado dos insumos originados no processo, o que propicia o retorno destes ao ciclo produtivo, reduzindo estoques e custos relacionados a processos e transportes, bem como os impactos causados ao meio ambiente, e elevando, desse modo, o desempenho da empresa.

Izidoro (2015) explica que a logística reversa oferece amplas oportunidades aos operadores logísticos, pois, geralmente, as ações nesse campo não desenvolvem uma economia de escala que possibilite que uma empresa haja isoladamente, exigindo a participação de especialistas em várias áreas de atuação. Os serviços especializados de logística reversa abrem caminhos para inovações e novas formas de agregar valor aos clientes, por isso podem tornar-se um importante diferencial competitivo aos operadores logísticos e, consequentemente, às empresas.

Algumas oportunidades oferecidas pela logística reversa nas áreas de pós-venda e pós-consumo são os serviços especializados em:

- coleta de produtos de pós-venda e pós-consumo;
- desmontagem de produtos de valor agregado elevado;
- transporte e consolidação de produtos retornados;
- sistemas de informações e rastreamento dos produtos retornados;
- áreas para armazenagem, consolidação, reembalagem, seleção de destino, consertos e reparos em produtos retornados.

Logo, a logística reversa abre ótimas oportunidades de parcerias colaborativas, fomentando um relacionamento permanente. A colaboração na cadeia de suprimentos busca resultados mais satisfatórios e deve orientar as parcerias entre os agentes das cadeias direta e reversa, viabilizando o aperfeiçoamento da eficiência total das operações de retorno. Procedimentos abertos e evidentes são importantes, mas é imprescindível delinear uma atitude ganha-ganha no relacionamento (Izidoro, 2015). Assim, ações colaborativas, inovadoras e frequentes entre fabricantes, distribuidores e comerciantes podem transformar problemas de compartilhamento de responsabilidade em chances de negócios.

Leite (2017) destaca, ainda, que a eficiência das cadeias reversas, de acordo com as diversas abordagens estratégicas empresariais, depende da compreensão de fatores que podem comprometer total ou parcialmente os fluxos reversos, como a necessidade de transmitir conhecimentos e práticas; adequar legislações que possibilitem a eficiência no retorno dos produtos; propor melhorias nos projetos para o reuso dos produtos; desenvolver uma cultura empresarial de colaboração e parcerias para o retorno e aproveitamento de produtos; elaborar indicadores de desempenho voltados à organização da logística reversa; e aventar melhorias na percepção de riscos em caso de não cumprimento.

Izidoro (2015) defende que a logística reversa colaborativa deve estar organizada de acordo com os seguintes aspectos:

- **Procedimentos claros e transparentes**: normas, nomenclaturas e códigos devem ser padronizados, a fim de garantir um entendimento homogêneo e de forma que os operadores de todas as cadeias reversas tenham condições de, seguindo as diretrizes, ser eficientes em suas rotinas no que se refere à destinação dos produtos retornados.
- **Sistemas especializados**: como, na logística reversa, os requisitos de retorno de produtos e materiais são específicos, é necessário contratar sistemas e prestadores de serviços especializados. A aplicação de técnicas de planejamento logístico compatíveis com as empregadas na logística direta é um caminho para garantir maior eficiência.
- **Destinação correta de produtos retornados**: a capacitação dos métodos necessários ao melhor destino é um dos propósitos da logística reversa. Treinamentos, sistemas de informações e procedimentos ajudam no alcance de melhor valor agregado ou um destino mais adequado aos produtos retornados.
- **Rastreabilidade dos produtos**: Dois pontos complexos no retorno de produtos são: identificar onde a coleta pode ser mais eficaz e assegurar a eficiência nas demais etapas reversas. Para tanto, é fundamental conhecer e rastrear os produtos a fim de averiguar sua fonte e planejar de modo eficiente a rede logística reversa.

A ausência de *softwares* comerciais ajustáveis a qualquer tipo de organização tem estimulado muitos operadores logísticos e empresas, que implementaram sua própria área de logística reversa, a desenvolver *softwares* próprios. Empresas de *softwares* especializados ou de módulos interligados a sistemas existentes disponibilizam programas específicos que permitem o rastreamento do produto e seu retorno nas várias etapas, criando um banco de dados para aperfeiçoar o destino oferecido aos produtos retornados e que se relaciona de forma correta com outros sistemas já existentes na empresa (Leite, 2017).

É corriqueiro o aparecimento de conflitos referentes à responsabilização por danos causados ao produto na etapa de retorno. Por isso, é fundamental que clientes e fornecedores estabeleçam uma relação colaborativa para que as práticas de logística reversa sejam executadas de forma adequada, segundo diretrizes previamente determinadas (Campos; Goulart, 2017). Ainda, é igualmente imprescindível a formação de programas educacionais direcionados a todos os atores envolvidos – fornecedores, colaboradores, consumidores e os demais participantes da cadeia de suprimentos –, com vistas a estabelecer uma compreensão unívoca de valor entre todos os integrantes, elevando, assim, a capacidade de observar a responsabilidade socioambiental nos processos logísticos.

Síntese

Neste capítulo, concluímos que:

- É fundamental que as empresas utilizem tecnologias atualizadas no ambiente logístico, buscando integrar estratégias de diferentes participantes da cadeia de suprimentos. Algumas dessas tecnologias são: *cloud computing*; logística 4.0; EDI; WMS; RFID; e ERP.
- O compartilhamento de informações e processos traz diversas vantagens à logística, contudo, tais informações não podem ser repassadas sem verificação de sua origem, de sua disponibilidade e de sua representação fidedigna da realidade.
- A logística 4.0 apresenta um elevado grau de automatização, com uso de sistemas inteligentes e elementos robóticos, a fim de compartilhar informações com agilidade e, com isso, fomentar melhores resultados.

- A inteligência logística colaborativa corresponde a um conjunto de habilidades e conhecimentos que proporcionam a entrega de respostas ágeis e eficazes para as demandas dos parceiros envolvidos na cadeia de suprimentos.
- A logística reversa colaborativa apresenta vantagens ao empregar o retorno de matérias-primas, como a redução de estoques e de custos com transportes e processos, além de elevar o desempenho da empresa e possibilitar ótimas oportunidades de parcerias colaborativas.
- A logística reversa oferece oportunidades para os operadores logísticos em diversas áreas de serviços especializados, como: coleta de produtos de pós-venda e pós-consumo; desmontagem de produtos de valor agregado elevado; transporte e consolidação de produtos retornados; entre outros.

Custo-benefício da logística colaborativa

Conteúdos do capítulo:

- Terminologia básica de custos.
- Redução de custos com transporte colaborativo.
- Redução de custos com compartilhamento de armazéns.
- Gestão de riscos na logística colaborativa.
- Futuro da logística colaborativa.

Após o estudo deste capítulo, você será capaz de:

1. empregar a terminologia básica de custos;
2. esclarecer a redução de custos com transporte colaborativo;
3. discutir o compartilhamento de armazéns e a redução de custos;
4. identificar a gestão de riscos na logística colaborativa;
5. examinar o futuro da logística colaborativa.

Sobreviver em um cenário competitivo e dinâmico é um dos maiores desafios das empresas, por isso é imprescindível buscar estratégias competitivas e implementá-las nos processos organizacionais. As organizações devem desenvolver atributos que a diferenciem de seus concorrentes, de modo a se destacar no meio em que atua. Nesse sentido, reduzir custos e não repassar aumento para os clientes torna-se um obstáculo ainda maior, o que revela a importância da otimização de processos e da aplicação de todas as possibilidades potenciais para diminuir custos, principalmente no que se refere a transportes e armazenagem, garantindo, assim, a sobrevivência da empresa.

Dessa urgência, nasce a logística colaborativa. Todavia, as empresas não devem apenas se preocupar com a redução de custos, visto que, para se manter no mercado, também têm de lidar com os riscos, gerenciando-os por meio da cooperação mútua entre os parceiros da logística colaborativa. Além disso, precisam entender e se preparar para as inovações de um futuro próximo.

capítulo 6

6.1 Terminologia básica de custos

Entre todos os custos empresariais (aquisição de matéria-prima, mão de obra, produção etc.), os custos originados de processos logísticos constituem grande parcela dos custos totais (Miranda, 2019).

Castiglioni e Nascimento (2014) afirmam que uma das principais atividades da logística se baseia no controle e na administração de custos. Isso significa que é um desafio para a logística administrar os custos e entregar um serviço de qualidade aos clientes sem que haja aumento de gastos. Para tanto, os custos logísticos devem ser conhecidos e conduzidos de modo a seguir decisões que visam diminuí-los sem impactar, contudo, o nível de serviço disponibilizado ao cliente. Assim, a gestão da relação entre o custo e o nível de serviço é um dos principais desafios da logística, principalmente porque os clientes, embora demandem cada vez mais, não querem pagar a mais pela satisfação de suas necessidades. Esse equilíbrio entre custo e nível de serviço é um dos elementos que mais afetam a competitividade da empresa (Miranda, 2019).

Na logística colaborativa, a busca pela redução dos custos ocorre por meio da colaboração entre parceiros, que, juntos, procuram meios de diminuir os custos operacionais e o custo revertido para o cliente. Quando comparada à logística tradicional, podemos perceber, na logística colaborativa, uma ampliação nos ganhos, pois está preocupada, desde o início do projeto, em melhorar todo o fluxo dos processos logísticos: armazenamento, transportes, gestão de estoques etc.

Para Nicolini (2011, p. 33), a logística colaborativa é uma "ferramenta que consegue diminuir gastos por meio de estratégias de parcerias e entre duas ou mais empresas". Tal logística surge como ponto fundamental na redução dos custos das organizações, pois otimiza processos sem causar impactos na qualidade do serviço oferecido ao cliente. Cabe, agora, conhecer alguns conceitos com os quais a logística colaborativa trabalha e que merecem atenção, como gasto, custo, investimento e perda.

Gasto consiste no "sacrifício financeiro arcado por uma organização para a obtenção de um produto ou serviço" (Guimarães Neto, 2009, p. 9). É constituído pela entrega ou promessa de entrega de dinheiro ou algum outro ativo, sendo considerado, ao final, custo ou despesa, de acordo com sua importância e aplicação no processo de produção do produto ou serviço. Certos gastos, inclusive, são considerados, a princípio, investimentos e, à medida que são consumidos, passam a custos ou despesas. Dessa forma, o conceito de gasto incorpora os de custo, de despesa, de investimento e de perda (Guimarães Neto, 2012).

Custo é o gasto referente ao bem ou ao serviço empregado na produção de bens e serviços, isto é, corresponde ao gasto efetuado na área de produção da empresa. Assim, só é reconhecido como custo no momento de sua utilização (Guimarães Neto, 2012). Castiglioni e Nascimento (2014) esclarecem que, do ponto de vista econômico, o custo é entendido como toda e qualquer aplicação de recursos, de diferentes maneiras e indicado seu valor monetário, para a produção e distribuição de mercadorias (ou prestação de serviços), até o ponto em que possa receber o preço ajustado.

Despesas, normalmente entendidas como um sacrifício no alcance de receitas, são gastos associados a diversas áreas da organização, desde que não sejam relativos à produção de bens e serviços, por exemplo, o pagamento de salários (Guimarães Neto, 2012).

Investimentos são os valores obtidos por meio da aquisição de bens ou serviços (gastos) estocados nos ativos da empresa para baixa quando vendidos, consumidos ou desvalorizados (Castiglioni; Nascimento, 2014). Um exemplo de investimento é a compra de terrenos pela empresa.

Perdas são ações involuntárias e anormais, que muitas vezes não dependem do homem para acontecer, como no caso de produtos perdidos ou estragados por intempéries naturais.

Miranda (2019) defende que é indispensável conhecer a classificação dos custos a fim de compreender como eles podem impactar as tomadas de decisão logísticas. Entre os custos mais conhecidos estão:

- **Custos diretos**: atribuídos diretamente ao produto e, em geral, de fácil identificação. Por exemplo, em uma empresa de fabricação de prateleiras de vidro, os custos diretos referem-se à aquisição de vidros e parafusos utilizados na produção.
- **Custos indiretos**: atendem a diferentes produtos ou vários clientes ao mesmo tempo, sendo, por isso, mais difícil de atribuí-los ao produto no momento de sua ocorrência. Por exemplo, no caso da empresa que fabrica prateleiras de vidro, a energia elétrica não alimenta apenas o setor de produção, mas toda a empresa, ou seja, esse custo não deve ser designado apenas ao produto.
- **Custos fixos**: não se modificam de acordo com a quantidade, o volume ou a produtividade da empresa, ou seja, não variam mesmo que haja alterações no nível de atividade. Por exemplo, a empresa de fabricação de prateleiras está situada em um imóvel alugado, o aluguel, por sua vez, é um custo fixo, pois não sofre variação independentemente da produção fabril.
- **Custos variáveis**: sofrem alterações conforme o nível de atividade, o meio de transporte, o volume transportado ou o armazenamento. Por exemplo, em determinado mês, a fabricação de prateleiras foi o dobro do mês anterior, precisando, assim, de uma quantidade maior de matéria-prima, gerando, com isso, um custo variável maior.

Cabe ressaltar que essas categorias podem aglutinar-se, pois um custo pode ser indireto e variável, como no caso da energia elétrica, ou direto e fixo, como na aquisição de mão de obra.

Conforme Castiglioni e Nascimento (2014), os custos logísticos são formados pelos seguintes elementos básicos:

- armazenagem;
- estocagem;
- processamento de pedidos; e
- transporte.

Os **custos com armazenagem** referem-se ao acondicionamento dos bens e sua movimentação. Por exemplo, o aluguel do armazém, a contratação de mão de obra etc. Esses custos subdividem-se, de acordo com Castiglioni e Nascimento (2014), em três componentes fundamentais:

1. custos com o armazém propriamente dito;
2. custos com o manuseio de estoques; e
3. custos com o pessoal envolvido na operação.

Os **custos com estocagem**, segundo Castiglioni e Nascimento (2014), versam sobre os custos relacionados com os materiais em si e correspondem ao somatório de quatro componentes essenciais:

1. custos com capital parado: incluem o valor que a empresa está deixando de receber caso aplicasse no mercado financeiro em vez de destinar seus recursos ao estoque;
2. custos com seguros: compreendem o risco de o estoque sofrer depreciação, tornar-se obsoleto ou, até mesmo, ser furtado;
3. custos com falta: referem-se às situações em que o cliente busca determinado produto que está em falta no estoque ou a entrega não ocorre no prazo estipulado. Desse modo, o cliente tanto pode desistir da compra quanto, caso prossiga com a compra, manifestar sua insatisfação e impactar vendas futuras;
4. custos com impostos e seguros: incluem os impostos que recaem diretamente sobre os produtos e seguros contra roubos e incêndios do estoque.

Os **custos com processamento de pedidos** são considerados menores que os de transporte ou de estoques, no entanto, cumprem um papel essencial na entrega efetuada ao cliente, sendo um fator até mesmo decisivo, pois, quanto melhor for o desempenho no atendimento de um pedido, melhor será o nível de serviço disponibilizado e, por conseguinte, maior será a fidelidade e, com isso, a possibilidade de alcançar mais clientes também aumenta. Assim, é preciso buscar um meio de balancear os custos das atividades, de forma a oferecer um bom serviço e reduzir os custos totais e o *lead time* (Vieira, 2009).

O que é?

O *lead time* corresponde ao tempo gasto para efetuar determinada produção, iniciando com o pedido do cliente e finalizando com a entrega efetiva da mercadoria.

Nos **custos com transportes**, seja frota própria, seja terceirizada, há uma série de custos relacionados com a operação de transporte, como mão de obra, combustível, manutenção, carga e descarga, custos de rodovia, terminais e administrativos. Essa combinação é frequentemente contabilizada em custos que se alteram de acordo com os serviços disponibilizados ou com o volume oferecido, mas também em custos invariáveis, independentemente da concretização da operação (Silva; Silva, 2018).

Exercício resolvido

A logística colaborativa traz vantagens por meio da cooperação entre parceiros, que podem ser, até mesmo, concorrentes, desde que haja um objetivo comum entre eles. Geralmente, esses objetivos estão ligados à redução de custos nos processos logísticos. Sobre isso, analise as afirmativas a seguir e marque V para as verdadeiras e F para as falsas.

( ) Os custos com transportes correspondem aos menores custos de todo o processo logístico, independentemente da quantidade de carga transportada e do serviço oferecido.

( ) Os custos com armazenagem incluem mão de obra, estrutura física, móveis para armazenamento, equipamentos de movimentação interna, entre outros.

( ) Os custos com processamento de pedidos incluem situações em que os clientes compram determinado produto em falta no estoque ou a entrega não foi efetuada no prazo estipulado.

( ) Os processamentos de pedidos incluem os custos mais altos de todo o processo logístico, sendo onerados com o atraso nas entregas de mercadorias.

Assinale a alternativa que apresenta a sequência correta:
a. F, F, V, V.
b. F, V, F, F.
c. V, V, F, F.
d. V, F, V, F.
e. V, F, V, V.

Resposta: (b). Os maiores custos dos processos logísticos são os custos de transporte, já os menores se referem ao processamento de pedidos. Os custos de transporte diferem de acordo com a quantidade de carga oferecida e o serviço disponibilizado; os de estoque incluem falta de mercadoria, entrega fora do prazo acertado, seguros e impostos e capital parado; os de armazenagem abrangem todos aqueles relacionados à estrutura física, ao acondicionamento e à movimentação de mercadorias no local.

Outro ponto importante no processo logístico é o **custo efetivo**, resultado da soma do custo do processo inteiramente aproveitado acrescido de perdas. Um processo logístico apresenta os seguintes custos, de acordo com Almeida e Schlütler (2012) e Schlütler (2013):

- **Custo de entrada do produto no processo** (Kl): também chamado de *custo de input*, corresponde ao resultado do custo logístico total do processo anterior, e assim consecutivamente. Isso significa que o custo de entrada é o resultado acumulado dos custos logísticos de todos os processos anteriores da rede. Por exemplo, custo de um produto acabado de uma empresa até o ponto de venda no varejo.

- **Custo de procedimento dinâmico** (KD): refere-se ao custo da movimentação do produto entre duas atividades estáticas, que podem ser de estocagem ou beneficiamento. Por exemplo, custo de transporte de matéria-prima do fornecedor até e empresa fabricante.

- **Custo financeiro** (KFin): equivale ao custo aplicado no produto em processo logístico, isto é, o custo do capital de giro que deixa de receber rendimento em aplicações financeiras justamente por estar empregado no funcionamento da empresa. Por exemplo, o tempo de estoque da matéria-prima no almoxarifado até ser requisitado pelo subsistema de produção.

- **Custo de procedimento estático** (Ke): reflete o custo pela falta de movimentação de produtos na rede logística, o que aumenta o ônus da função logística por meio de custos de manuseio com o emprego de máquinas, equipamentos ou manutenção do espaço físico para acondicionamento ou exposição das mercadorias. Por exemplo, custo de exibição do produto em um ponto de venda.

- **Custo de obsolescência** (Kob): é a perda de valor de um produto em razão dos atributos que o depreciam diante do mercado consumidor final. Por exemplo, perda de valor decorrente da proximidade do prazo de validade de um alimento.

- **Custo de oportunidade** (Kop): é obtido em função da demanda do produto e do processo, quando não aproveitados integralmente, ou seja, há uma ociosidade nos postos produtivos que compõe o processo logístico. Por exemplo, custo de perda da comercialização em virtude atraso na entrega do produto.

- **Custo de reversão** (Krev): constituído pelo dispêndio de qualquer processo logístico com o tratamento de sobras e avarias de matérias-primas e insumos, a fim de reintroduzi-los em novas cadeias de suprimento ou destiná-los a um fim correto, preservando o meio ambiente. Por exemplo, sobras de madeira nos processos logísticos do subsistema de produção de uma empresa que fabrica móveis. Vale ressaltar que esses custos de reversão acabam se tornando um tipo de reaproveitamento de insumos.

6.2 Gestão de custos

Diante desse número expressivo de custos que envolvem os processos logísticos, as organizações buscam sempre novos meios de gerenciá-los.

Uma estratégia de parceria que visa reduzir custos entre as empresas é a **gestão de custos interorganizacionais** (GCI).

Conforme Souza (2012), a GCI é um **processo cooperativo** de gerenciamento de custos que compreende, além da própria empresa, outras organizações da cadeia de valor, o que justifica seu caráter estratégico. A GCI tem como propósito descobrir soluções de gerenciamento de custos que possibilitem o retorno total da cadeia de valor (ou de parte dela), garantido ou acrescido, por meio de ações coordenadas entre as organizações, cujo nível seria quase impossível de se obter caso as empresas tentassem gerenciar isoladamente os próprios custos.

Dois aspectos importantes fazem parte das discussões da GCI, de acordo com Souza (2012): (1) **fatores condicionantes**, que correspondem às variáveis que influenciam o sucesso de implementação e emprego de um artefato gerencial; (2) **mecanismos de controle** das entidades e atividades dos componentes da cadeia de valor, categorizados em disciplinadores, capacitadores e incentivadores.

Na GCI, o relacionamento entre vendedores e compradores volta-se a produtos e processos de fabricação, de maneira a detectar os meios para diminuir custos e fazer com que a cadeia se torne mais eficiente, agregando valor para todos os elos dessa cadeia (Mantovani; Silva, 2018).

Miranda (2019) explica que a noção de valor agregado deve atravessar toda a cadeia, a fim de que seja conservada a longo prazo. Processos integrados entre as cadeias de suprimentos podem garantir resultados superiores em termos de desperdícios e custos operacionais. Essas estratégias de parcerias e colaboração viabilizam sinergias e podem ocorrer entre: clientes e fornecedor, cliente e cliente ou fornecedor e fornecedor, com vistas a alcançar, por meio da logística, vantagens mútuas. Algumas oportunidades econômicas dessas alianças com foco em logística são: interligação de sistemas para trocas de informação; facilitação de pedidos; integração de infraestrutura; desenvolvimento em conjunto de produtos com fornecedores e clientes, entre outras.

Nessa relação de ganha-ganha, a confiança estabelecida com as parcerias oportuniza às empresas solidificar as compras com um número menor de fornecedores, ou seja, os fornecedores contratados (parceiros) têm maior volume de encomendas, contratos de fornecimento a longo prazo, conhecimento de sua demanda e, por isso, custos reduzidos com estoques e com os esforços de vendas, que já estão, em grande parte, garantidas. Claro que essa relação só se sustenta em uma dinâmica ganha-ganha tanto para fornecedores quanto para compradores (Miranda, 2019).

6.3 Redução de custos com transporte colaborativo

O transporte desempenha um papel fundamental para o processo logístico como um todo e, quando mal gerenciado, pode trazer transtornos enormes para a organização. Essa função, segundo Miranda (2019), é a mais conhecida na logística e funciona como um elemento de ligação essencial entre a logística integrada de uma empresa e o serviço oferecido ao cliente. O propósito geral do transporte é movimentar pessoas e bens, entretanto, na logística, seu propósito é disponibilizar os produtos onde exista demanda potencial, cumprindo o prazo correspondente às necessidades do comprador com o menor custo e o mínimo impacto ambiental possíveis.

Nas operações logísticas, o transporte é o principal elemento e o último item de redução de custos nas empresas. O transporte carece e consome recursos financeiros, ambientais e de tempo. Seja qual for o modal de transporte selecionado pelas empresas, ou ainda que haja integração entre os modais de transporte, os desafios da área demandam profissionais que pensem estrategicamente, buscando conciliar todas as opções possíveis a fim de equiparar os custos de transportes com o *transit time* das cargas, o que exige do mercado não mais transportadores convencionais, mas profissionais com domínio na arte de transportar, administrando as operações logísticas pelas quais o produto é desenvolvido (Fernandes, 2008).

O transporte colaborativo funciona como uma resposta para muitas questões relacionadas à redução de custos, pois, a partir do momento em que vários colaboradores estão envolvidos nesse processo, são estabelecidos meios mais rentáveis e eficientes em razão do aproveitamento dos recursos de transporte para sua realização.

Chopra e Meindl (2003) elencam alguns custos que determinam a política de preços e operações e influenciam as decisões do transportador:

- **Custo relacionado ao veículo**: compreende os custos pela compra ou aluguel do veículo utilizado para as entregas.
- **Custo operacional fixo**: inclui os custos associados a terminais, portões de embarque e mão de obra.
- **Custo relacionado à viagem**: é estabelecido quando se inicia uma viagem e varia conforme a distância e a duração da viagem, por exemplo, o custo com combustível.
- **Custo relacionado à quantidade**: abrange os custos que variam de acordo com a quantidade transportada, por exemplo, os custos com carregamento e descarregamento.
- **Custo indireto**: inclui os custos com planejamento e elaboração do cronograma de uma rede de transporte, assim como os possíveis investimentos em tecnologia da informação (TI).

A eficiência no transporte pode acarretar menos custos para as empresas no que diz respeito à produção e ao consumo, uma vez que a redução dos custos logísticos diminui os preços dos bens finais e resulta no acréscimo do poder de compra da população (Goulart; Campos,2018).

A colaboração, por seu turno, consiste em compartilhar diversos elementos a fim de reduzir custos, tempo de ciclo e inventários, como conhecimentos específicos, riscos e lucros. Com o compartilhamento, as oportunidades de diminuir taxas, extinguir o frete com meia carga, aprimorar o frete de retorno e alcançar uma entrega mais rápida e mais consistente são bem maiores (Nicolini,2011).

Desse modo, por meio de uma gestão operacional de transportes eficiente, os custos logísticos com esse setor têm condições de acompanhar o nível de serviço disponibilizado pela empresa. Isto é, quanto mais exigente for o mercado com relação à pontualidade, à entrega porta a porta, aos tipos e às variedades de produtos disponíveis, bem como à capacidade de o transportador ofertar mais do que um serviço básico de entrega, ou seja, quanto melhor o serviço entregue ao cliente, mais caro é o transporte (Miranda, 2019).

Considerando esse cenário, as empresas buscam soluções para otimizar os custos referentes ao transporte colaborativo mediante adoção de medidas eficientes e planos de ação que permitam aperfeiçoar todos os processos dos parceiros envolvidos na cadeia de suprimentos. Consoante Nicolini (2011, p. 37),

"O transporte colaborativo, operacionalmente acontece com o aproveitamento ou compartilhamento do mesmo equipamento de transporte para um ciclo fechado de movimentação de cargas". Assim, é necessário agregar os componentes da mesma cadeia logística e as cargas adicionais, isto é, aqueles que têm cargas compatíveis com o meio de transporte à disposição devem estabelecer cargas de retorno. Essa carga de retorno pode ser transportada tanto por veículos próprios da empresa quanto por transportadoras. Caso sejam encontrados fretes de retorno que coincidam com as cargas, esse tipo de transporte costuma oferecer custos menores.

Saiba mais

Recomendamos a leitura da matéria intitulada "Custo logístico consome 12,7% do PIB do Brasil", publicada no *site* da Confederação Nacional do Transporte (CNT). Nela estão explícitos os custos dos processos logísticos no Brasil, apontando o transporte como o custo mais oneroso, equivalente a 6,8% do produto interno bruto (PIB), além das possíveis medidas de redução desses custos.

CUSTO logístico consome 12,7% do PIB do Brasil. **Agência CNT**, out. 2016. Disponível em: <https://www.cnt.org.br/agencia-cnt/custo-logistico-consome-12-do-pib-do-brasil>. Acesso em: 5 jun. 2021.

O fracionamento de cargas também é uma alternativa que visa diminuir os custos com transporte, uma vez que oferece compartilhamento de frete. Torre (2020) comenta que, no transporte fracionado, o frete é cobrado sobre a fração da capacidade do equipamento utilizado pela mercadoria a ser transportada. Dessa forma, para empresas com uma carga de menor volume, o fracionamento de cargas é um ótimo custo-benefício. A consolidação de fretes, de igual modo, surge como uma medida de redução de custos no transporte colaborativo, visto que as empresas se unem para realizar entregas na mesma região. Por exemplo, para as empresas de entrega expressa, a consolidação de cargas funciona como um ponto-chave para reduzir os custos, pois, como os pacotes geralmente são pequenos e vários pontos de entrega precisam ser atendidos, os produtos, primeiramente, são encaminhados até as centrais de distribuição, de onde são enviados em cargas cheias até outro centro de distribuição (CD) mais próximo ao destino final (Chopra; Meindl, 2003).

Os *softwares* também contribuem com essa busca pela redução de custos com transporte, uma vez que permitem o monitoramento em tempo real e, com isso, orientam tomadas de decisão mais eficientes, rápidas e precisas. Os *softwares* traçam rotas mais adequadas, evitando, com isso, o dispêndio de custos desnecessários por falta de informação, informações desencontradas ou errôneas.

Exercício resolvido

Com relação às medidas que podem ser tomadas para reduzir custos com o transporte colaborativo, analise as afirmativas a seguir.

I. Um método de redução de custos com o transporte a adoção do fracionamento de cargas, no qual empresas complementam suas cargas com as dos parceiros, dividindo os custos do frete.
II. O frete de retorno não é considerado uma prática de redução de custos nos transportes, pois o que se alcança, em termos financeiros, com esse tipo de frete só é suficiente para cobrir os custos com esse retorno.
III. As empresas devem analisar com cuidado as alternativas de redução de custos com o transporte, pois o nível de serviço ofertado ao cliente não deve ser afetado.

Assinale a alternativa correta:

a. As afirmativas II e III são verdadeiras.
b. Apenas a afirmativa I é verdadeira.
c. As afirmativas I e III são verdadeiras.
d. Todas as afirmativas são verdadeiras.
e. Apenas a afirmativa III é verdadeira.

Resposta: (c). As empresas devem buscar métodos para reduzir custos com transporte, visto que são os mais onerosos nos processos logísticos, assim, o transporte colaborativo surge como um meio eficiente de redução, a exemplo do fracionamento de cargas, em que as empresas complementam suas cargas com as dos parceiros, dividindo os custos do frete. O frete de retorno e a consolidação de cargas também oferecem custos menores do que os habituais. Assim, cabe às empresas ponderarem sobre alternativas disponíveis a fim de escolher aquela que não altere o nível do serviço (e de qualidade) já oferecido aos clientes.

Outros custos concernentes a essa atividade são referentes à segurança das operações, o que envolve seguros de cargas por rastreamento e monitoramento, bem como seguros relativos a perdas e extravios das mercadorias. Entre os custos administrativos, há os impostos, por exemplo.

Logo, a cooperação, que é o cerne da logística colaborativa, auxilia a consecução da carga de retorno, do fracionamento, da consolidação de fretes e de várias outras formas de redução de custos. Por meio do transporte colaborativo, as organizações não apenas reduzem custos de frete, mas também de mão de obra, combustível, manutenção, carga e descarga, custos de rodovia, terminais e administrativos. Com essa prática, otimiza-se o tempo e reduzem-se os custos dos processos por meio de medidas de conservação do máximo aproveitamento dos veículos nas rotas determinadas, trafegando com cargas mistas ou aproveitando o retorno de cargas. Assim, na logística colaborativa, os custos são divididos entre os parceiros e, consequentemente, verificam-se vantagens para todos, o que provoca preços mais competitivos das mercadorias e lucratividade de todos os parceiros integrantes.

6.4 Redução de custos com compartilhamento de armazéns

O compartilhamento de armazéns também é uma forma de reduzir custos, em que empresas ou pessoas com necessidades de contratar um serviço de armazenamento, incluindo a estrutura física, unem-se a fim de transformar carência em atividade colaborativa. Essa estratégia tem trazido vantagens significativas para os parceiros, principalmente em épocas de ociosidade ou de menor demanda, como nos períodos sazonais.

A **armazenagem** compreende um conjunto de operações que são responsáveis pelo recebimento, alocação de materiais, estocagem e correta guarda de materiais, de modo a facilitar a localização, assegurar a integridade dos produtos e a correta destinação de materiais a serem organizados. As funções de armazenagem dedicam-se à prestação de serviços de guarda, organização e arranjo físico dos materiais estocados, além do custo correspondente ao tempo e ao volume de cada item armazenado (Marques; Oda, 2012).

Quando uma empresa necessita de uma estrutura física para armazenar seus produtos, ela deve ponderar quais são os custos relacionados com esses armazéns. A construção de centros de armazenagem, por exemplo, demanda custos bem elevados, pois, além da aquisição do espaço, é preciso mão de obra disponível e estruturas físicas apropriadas. Tendo isso em vista, o compartilhamento de armazéns torna-se uma alternativa que depende de investimentos muito inferiores, mas com as mesmas vantagens de uma estrutura própria.

Gomes e Ribeiro (2013) elencam os principais fatores que influenciam o processo de instalação de um armazém:

- aparência do terreno e custos de desenvolvimento;
- estimativa dos custos de construção;
- flexibilidade e acesso aos serviços de transportes;
- quantidade de trabalho no ambiente e taxas relacionadas com essa atividade;
- valor publicitário do sítio;
- impostos referentes ao ambiente e ao funcionamento do armazém;
- perigos do local, como roubos, incêndios, inundações.

Marques e Oda (2012) ainda mencionam que o custo de armazenamento de produtos é formado pelos investimentos sobre os materiais e os custos operacionais. Para melhor compreender a composição desses custos, devemos imaginar que os materiais estocados têm um custo e, teoricamente, os valores desses bens são recursos financeiros parados não aproveitados para outros investimentos da organização. Os elementos que constituem a formação desses custos referem-se à quantidade de materiais estocados. Assim, quanto maior é o volume de produtos estocados, maior é a necessidade de garantir espaço físico amplo, estantes e outros móveis para armazenamento, equipamentos de movimentação interna e profissionais capacitados.

Com todos os custos que envolvem o armazenamento, o compartilhamento de armazéns corresponde a uma saída benéfica e competitiva para a redução desse custo, pois, além de dividir o espaço físico, utilizando-o de maneira mais proveitosa, as empresas envolvidas compartilham os custos fixos, que incluem energia, água, equipamentos, limpeza e conservação do espaço e salários de funcionários. Essa alternativa ainda possibilita economias de escala via compartilhamento de recursos de gerenciamento, mão de obra, equipamentos e informação entre os parceiros.

A palavra *integração* indica a capacidade de as empresas estimularem o cumprimento das atividades de armazenar com inteligência, objetivando reduzir estoques e transformar a atividade em uma gestão de armazenagem. A armazenagem não agrega valor ao produto, mas corresponde a uma porcentagem significativa de seu custo, assim, cada centavo conquistado nessa fase diminui o valor do custo total da mercadoria (Marques; Oda, 2012).

Perguntas & respostas

A empresa Bonita S.A. tem um armazém bem amplo, em uma localização estratégica, e com espaço disponível para mais mercadorias, contudo, seus custos de armazenagem estão cada vez mais elevados em razão da quantidade de produtos que a empresa comercializa. Como ela pode reduzir esses custos?

Resposta: Como se trata de um armazém amplo, com espaço de sobra, a empresa pode optar pelo compartilhamento de armazéns com outra empresa que esteja precisando de um espaço semelhante. Assim, com o aluguel do espaço, a empresa pode reduzir seus custos; o parceiro, por sua vez, também economiza, visto que não precisa investir em um espaço próprio.

A elevada parcela de custos fixos na atividade de armazenagem faz com que os custos sejam proporcionais à capacidade instalada, assim, pouco importa se o armazém está quase vazio ou se está movimentando menos produtos do que o planejado, pois a maior parte dos custos de armazenagem continua ocorrendo, uma vez que, em sua grande maioria, estão associados ao espaço físico, aos equipamentos de movimentação, ao pessoal e aos investimentos em tecnologia. Logo, é importante que as empresas busquem alternativas para diminuir custos com armazenagem, e os processos colaborativos, com integração de diversos parceiros, até mesmo concorrentes, são caminhos vantajosos.

Os armazéns terceirizados entregam flexibilidade e economia de escala mediante compartilhamento de recursos administrativos, mão de obra, equipamentos e troca de informações entre clientes (Gomes; Ribeiro, 2013). Por isso, as empresas estão empregando o sistema *cross docking*, que proporciona uma rápida entrada e saída dos produtos do armazém, diminuindo, portanto, os custos (Paoleschi, 2014).

Figura 6.1 – *Cross docking*

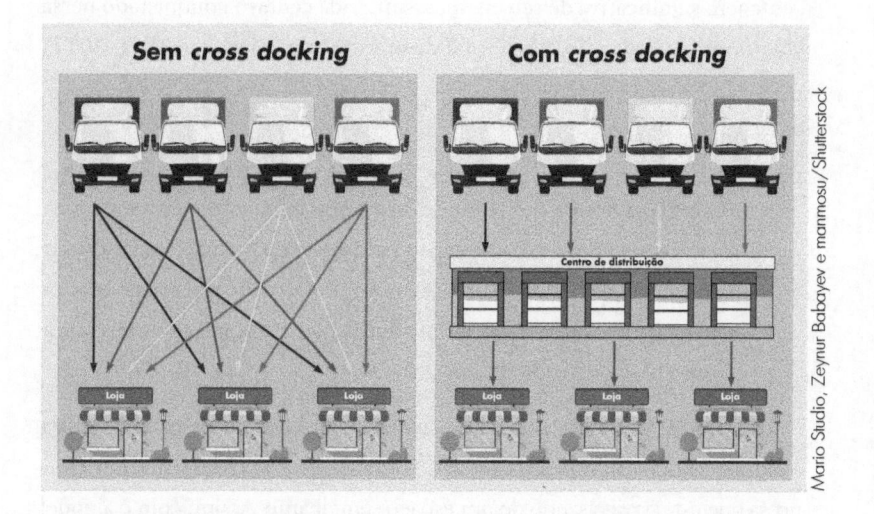

Para Marques e Oda (2012), o principal benefício de as empresas utilizarem estruturas de terceiros é a ausência de movimentação de capital e de equipamentos, por exemplo, já que isso é de responsabilidade do locador.

6.5 Gestão de riscos na logística colaborativa

Na logística colaborativa, todas as responsabilidades e os riscos são divididos entre os parceiros, com isso, as decisões são tomadas conjuntamente, por meio de uma coordenação do planejamento e do cumprimento de atividades, buscando um equilíbrio entre os riscos e as vantagens recíprocos e alinhando incentivos com a finalidade alcançar os objetivos compartilhados.

Assim, ao constituírem parcerias colaborativas, as empresas convivem com um risco iminente, pois adotam, conjuntamente, o ônus ou o bônus do sucesso ou do fracasso da empresa-foco, a gestora da cadeia de suprimentos. Contudo, a colaboração direciona indiretamente a uma cadeia de suprimentos mais resistente, capaz de gerenciar melhor os riscos (Vivaldini, 2020).

Risco é conceituado por Torres e Lélis (2008) como a possibilidade de acontecimentos indesejáveis aos objetivos da empresa, em decorrência de um evento, sendo caracterizado pelo vislumbre como possibilidade e por seus impactos nos resultados ou objetivos. Na operação das empresas, o risco figura como a alternativa de um ativo estar propenso a incidentes que possam ocasionar perdas ou o comprometimento da continuidade de suas atividades produtivas.

Para Oliveira (2020), o risco é a probabilidade de dano, lesão, perda ou qualquer outro acontecimento negativo motivado por vulnerabilidades externas ou internas e que pode ser evitado mediante ação preventiva. O perigo, por sua vez, corresponde a uma ou mais de uma condição que pode, efetivamente, ocasionar ou ter relação direta com o risco. Outro ponto é a dificuldade em mensurar um risco, bem como extinguir todos os riscos iminentes. Assim, o risco é um fato presente, que pode ou não vir à tona a qualquer momento.

Dessa forma, a gestão de riscos (Figura 6.2) consiste no planejamento e na implantação de um conjunto de técnicas e medidas preventivas que visam identificar, avaliar, evitar ou atenuar os efeitos de perdas ou danos que podem ocorrer no processo logístico, assegurando que o produto seja entregue no prazo previsto e em conformidade com o esperado entre as partes envolvidas (Silva; Silva, 2018).

Figura 6.2 – Gestão de riscos

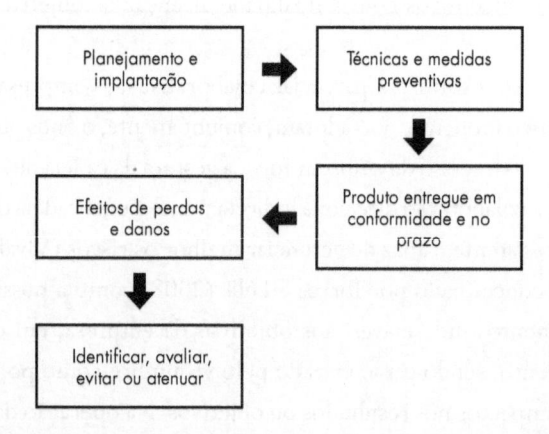

```
┌─────────────────┐      ┌─────────────────┐
│  Planejamento e │  →   │ Técnicas e medidas│
│   implantação   │      │    preventivas   │
└─────────────────┘      └─────────────────┘
                                  ↓
┌─────────────────┐      ┌─────────────────┐
│ Efeitos de perdas│ ←   │ Produto entregue em│
│     e danos     │      │ conformidade e no│
└─────────────────┘      │      prazo      │
         ↓               └─────────────────┘
┌─────────────────┐
│Identificar, avaliar,│
│  evitar ou atenuar │
└─────────────────┘
```

A partir do momento em que as empresas participantes identificam a mútua dependência, desponta o potencial para desenvolver relacionamentos colaborativos.

Exercício resolvido

A colaboração entre as empresas, por meio da logística colaborativa, busca auxiliar as estratégias operacionais logísticas por meio do aperfeiçoamento dos processos. Para tanto, os parceiros devem compartilhar os mesmos propósitos, contudo, efeitos indesejados podem ocorrer em qualquer organização e a qualquer momento. Como os parceiros devem agir diante desses efeitos indesejados na logística colaborativa?

a. Na logística colaborativa, o gerenciamento dos riscos é realizado por meio da separação do processo, assim, cada parceiro fica responsável por um setor específico.
b. Cada parceiro responsabiliza-se pelos riscos de seu próprio negócio, ou seja, não há, na logística colaborativa, uma divisão de riscos.
c. Cada membro envolvido no processo colaborativo executa uma medida diferente no gerenciamento do risco, sendo considerado o líder aquele que gerir com mais eficiência.

d. Os parceiros devem desenvolver, conjuntamente, políticas e métodos operacionais que motivem a divisão de riscos, sempre com o intuito de mitigá-los, mas, ao mesmo tempo, têm de estar preparados para agir em situações de perigo, assumindo de maneira compartilhada tanto o ônus quanto o bônus.
e. Os parceiros têm de criar uma equipe específica para resolver qualquer tipo de problema nos processos, mesmo que inesperados, devendo essa equipe ser formada por pessoas que não integram a parceria, pois, assim, medidas são tomadas sem a interferência de nenhum parceiro.

Resposta: (d). A logística colaborativa pressupõe a cooperação mútua em seus processos logísticos, com isso, os riscos são divididos entre os parceiros, não existindo, portanto, decisões tomadas individualmente nem separação de responsabilidades, mas sim uma dependência mútua em busca de um objetivo comum. Para tanto, a gestão de riscos prescinde do compartilhamento de informações e de uma comunicação constante, com a finalidade de implantar técnicas e medidas preventivas que tenham como objetivo identificar, avaliar, evitar ou atenuar os efeitos de perdas ou danos que possam ocorrer no processo logístico. Ainda, é preciso desenvolver políticas e métodos entre os participantes que partilham a divisão dos riscos, bem como medidas preventivas, a fim de que os perigos sejam mitigados ou que se saiba como agir em situações inesperadas.

A mitigação dos riscos apresenta-se como uma estratégia de gestão que traz vantagens para toda a rede colaborativa da cadeia de suprimentos. Stanton (2019) afirma que, quando se combinam condições de alto desempenho, tecnologias complexas e dependência de clientes e fornecedores universais, pode ser gerada uma receita para o caos, pois há muitas variáveis e inúmeras ocorrências que podem suscitar o erro. Mesmo uma pequena perturbação, como uma remessa atrasada, pode resultar em uma série de problemas na cadeia de suprimentos, como falta de estoques, paralisação e multas.

A gestão da cadeia de suprimentos consiste na ciência dos riscos e na tentativa de implementar processos que identifiquem perigos a fim de mitigar essas ameaças. A estabilidade pode até se apresentar como uma chave de auxílio ao funcionamento das cadeias de suprimento, entretanto, o gerenciamento de riscos em si, com eficiência, é a chave-mestra para evitar surpresas desagradáveis ou reduzir custos. Quando bem realizado, esse gerenciamento pode proporcionar oportunidades valoradas durante os períodos de incerteza (Stanton, 2019).

Segundo Tanoue e Pereira (2016), mais visibilidade e mais controle podem ser aprovisionados por uma rede mais colaborativa, podendo diminuir as incertezas ao longo da cadeia. A colaboração e a integração auxiliam na gestão coordenada dos riscos, aumentando a transparência e o conhecimento da cadeia. Além da visibilidade e do controle, uma das melhores maneiras de encarar os riscos é elevar a confiança na cadeia, ou seja, trata-se de confiar no tempo do ciclo e no *status* das ordens; nas previsões de demanda; na capacidade de entrega dos fornecedores e das operações; na qualidade dos produtos; e no transporte e serviços prestados. Isso porque a falta de confiança em uma cadeia induz os gestores a fazer escolhas que podem elevar a exposição ao risco. Desse modo, a visibilidade completa das informações reduz os riscos de erros de processamento e eleva o nível de produtividade, assim como aperfeiçoa a programação do transporte e a elaboração de rotas mais inteligentes, buscando a conformidade com as normas regulamentadoras determinadas.

O desenvolvimento de perspectivas colaborativas também se transformou em uma ferramenta de grande importância, sobretudo no planejamento de estratégias para o futuro, no que se refere ao gerenciamento de riscos e ao delineamento de novas oportunidades (Branco; Leite; Vinha Junior, 2016).

Brandalise (2017) recupera os ensinamentos de Henry Ford, que defendia que a cooperação reduz o risco e aperfeiçoa a eficiência de todo o processo logístico, pois nenhuma empresa pode ser autossuficiente na efetivação de todos os aspectos do sortimento, sendo imprescindível, para tanto, que os participantes da cadeia de suprimentos compartilhem informação, não só de transação de compra e venda, mas também estratégias para que possam planejar, em conjunto, melhores alternativas e maneiras de satisfazer as necessidades. A gestão de relacionamentos compreende o desenvolvimento e o gerenciamento de acordos entre parceiros comerciais primários e prestadores de serviços. A diferença entre esses participantes está na natureza das atividades efetuadas e no risco que estão dispostos a assumir.

A informação compartilhada diminui as incertezas e eleva a segurança ao longo da cadeia, o que viabiliza que os sistemas sejam mais responsivos e direcionados ao mercado em atendimento às demandas, em vez de direcionados por meio de previsões (Tanoue; Pereira, 2016).

Dessa forma, a comunicação e o compartilhamento de informações no processo da logística colaborativa são vistos como uma forma de mitigar os riscos e seus possíveis efeitos, oferecendo transparência nas atuações e aumentando a possibilidade de resposta para prováveis perdas e danos em todo o processo logístico. Para isso, a organização deve implantar uma cultura de gestão de riscos, e não somente amparar-se em modelos de gestão de riscos, pois muitos deles são imprevisíveis, e a empresa apenas estará preparada para verificar a ocorrência de qualquer perigo caso esteja consciente, envolvida e comprometida em todos os níveis organizacionais, independentemente da atividade que efetue na cadeia (Tanoue; Pereira, 2016).

Assim, quanto mais elevada a integração entre as áreas de uma empresa e entre empresas de uma cadeia, considerando a eficiência e a ausência de desdobramento de escolhas estratégicas, mais atenção deve ser oferecida à gestão de riscos, isso porque os riscos se tornam mais elevados, uma vez que um único problema em um dos elos da cadeia imediatamente atinge todo o restante dela. Esse impacto é resultado da integração no fluxo de materiais ou no fluxo de informações (Tanoue; Pereira, 2016).

Bowersox et al. (2014) lembram que organizações que fazem parte de arranjos da cadeia de suprimentos devem reconhecer que são responsáveis pelo desempenho de papéis especiais, assim como devem ter confiança de que seus negócios vão obter resultados melhores, em longo prazo, tendo em vista a colaboração estabelecida. Cada empresa deve assumir uma posição para se especializar em uma área ou função operacional, tendo como fundamento sua principal competência.

Nesse sentido, a tecnologia, se bem empregada e utilizada, pode simplificar as operações organizacionais, uma vez que existe uma quantidade cada vez maior de operações e transações. Entretanto, vale ressaltar que, quanto mais integrados os sistemas de informação, mais elevados os riscos de uma falha em um ponto da empresa ou da cadeia, o que atinge a todos.

Além disso, com maior integração e globalização, a gestão de riscos tornou-se uma tarefa mais complexa, já que a falta de processos padronizados, dados insuficientes e tecnologias inadequadas podem ser grandes obstáculos ao gerenciamento eficiente de possíveis riscos (Tanoue; Pereira, 2016).

6.6 Futuro da logística colaborativa

A importância de se imaginar o futuro está na possibilidade de analisar as oportunidades porvir. No entanto, são tantas variáveis que essa previsão pode falhar em muitos aspectos, mas uma coisa é certa: não se chega longe sem a tecnologia da informação, o capital intelectual e o atendimento a mercados globais.

As transformações estão acontecendo cada vez mais aceleradamente, tornando os processos mais complexos e ambíguos. De acordo com Bertaglia (2009), com toda essa evolução tecnológica, é complicado para o profissional determinar claramente o caminho a ser perseguido. Entretanto, decisões precisam ser tomadas, sendo necessário observar, para tanto, alguns aspectos relevantes, como:

- **Aldeia global**: a maioria da população está conectada, uma vez que a estrutura comunicacional possibilita que isso aconteça. A conexão cria novas formas de efetuar negócios.
- **Informatização total**: novos produtos, serviços e canais de distribuição vêm aparecendo e se tornando cada vez mais inteligentes.
- **Competidores**: a competição tem sido universal, com isso, diversas empresas grandes se unem visando à consolidação no mercado.
- **Conhecimento**: a sociedade do conhecimento é amparada por várias tecnologias. Aprender e ensinar passam a ser habilidades exigidas em todos os segmentos e ambientes.
- **Formatos de organização**: novas formas de organização têm sido inventadas, assim, projetos temporários são realizados por companhias especialistas em um segmento.

Desde que a logística passou a ser encarada como essencial para a competitividade, refletindo na diminuição do custo e na elevação da eficiência e da qualidade das operações, as empresas investem em soluções para armazenagem, movimentação de materiais, transporte, sistemas de informação e controle. O panorama de competitividade global força as organizações a serem capazes de potencializar esses fatores a favor do ganho sustentável para todos os membros da cadeia logística. A inteligência logística é o diferencial competitivo entre cadeias de suprimentos, dada a tendência à igualdade nos custos e nos níveis de serviços adotados no mercado (Buller, 2012).

Dessa forma, as inovações tecnológicas, associadas à inteligência logística colaborativa, devem auxiliar os processos tornando-os ainda mais eficientes por meio de entregas efetuadas com mais rapidez e confiabilidade, sistemas de monitoramento e respostas rápidas; as empresas, por seu turno, têm de se aperfeiçoar diante das novas tecnologias. As organizações não devem perder a oportunidade de se ajustar ao mundo tecnológico, pois a diminuição e a consolidação de empresas continuam em curso, e grupos colaborativos podem fortalecer alianças temporárias para os mais variados objetos (Bertaglia, 2009).

Nos próximos anos, surgirão muitas maneiras de se transformar as cadeias de suprimentos por via tecnológica, e, reconhecendo essas oportunidades de início, as empresas poderão auferir uma vantagem competitiva. Para tanto, será preciso imaginar, por meio da tecnologia, formas distintas que cada etapa da cadeia de suprimentos poderá assumir, buscando oportunidades de agregar valor de novas maneiras (Stanton, 2019). O gerente logístico do futuro, acreditam Bowersox et al. (2014), será considerado muito mais um líder de mudanças do que um técnico. O desafio da mudança será estimulado pela necessidade de sincronizar a velocidade e a flexibilidade da competência logística com o processo de desenvolver valor para o cliente.

Bertaglia (2009) elenca alguns passos que devem ser considerados ao se pensar no futuro, a saber:

- Imaginar o futuro e avaliar quais oportunidades podem ser exploradas.
- Reunir ou desenvolver um conjunto de habilidades que podem colocar a empresa na posição escolhida na escala de valores.
- Assegurar que a empresa tenha alguma afinidade com os elementos da tecnologia de informação e, se necessário, preparar esse campo.

- A organização precisa ser favorável ao mundo da conexão e estar preparada para desenvolver relacionamentos universais.
- Examinar possibilidades de trabalhar nas zonas mais periféricas da organização, em vez de estar no centro dela.
- Aprender a utilizar a tecnologia da informação para produzir e empregar conhecimento.
- Formar os colaboradores com ensinamentos individuais para auxiliar o aprendizado em um ambiente conectado.

Assim, diante das estruturas urbanas e das exigências dos clientes, as empresas devem buscar constantemente meios de agilizar as entregas e maneiras de lidar com problemas de infraestrutura urbana e redução de custos sem alterar os serviços oferecidos; este, inclusive, é um campo em crescimento para a logística colaborativa, visto que as empresas buscarão em conjunto medidas que visem otimizar serviços.

Portanto, o futuro será compartilhado, pois com o aumento da população e um planeta com os recursos finitos, não existem escolhas, sendo esse o modelo sustentável para partilhar recursos físicos e humanos (Pechlivanis, 2016). Resta compreender quanto tempo o mercado levará para atualizar suas plataformas na economia do compartilhamento, convencendo as lideranças de que, na ausência do compartilhamento, o futuro da logística está comprometido.

Síntese

Neste capítulo, concluímos que:

- Os custos devem ser compreendidos em sua totalidade para que se tornem uma ferramenta de apoio na tomada de decisão e na geração de lucro, sempre buscando a redução desses custos, mas sem impactar o serviço disponibilizado ao cliente. Esse é um dos objetivos fundamentais da logística colaborativa.
- O conceito de gasto incorpora os de custo, de despesa, de investimento e de perda. Os custos podem ser classificados como diretos, indiretos, fixos e variáveis, podendo amalgamar, ainda, duas classificações como custos diretos fixos.

- Os transportes consomem grande parte dos custos logísticos, assim, muitas empresas buscam, na logística colaborativa, uma forma de reduzir esse custo adotando medidas rentáveis e eficientes para o aproveitamento da atividade de transporte, sem modificar, no entanto, o nível de serviço oferecido ao cliente.
- O compartilhamento de armazéns também surge como uma forma de reduzir custos, pois promove um compartilhamento da estrutura física e dos gastos com o espaço alugado, como mão de obra, água, energia, móveis para armazenamento, equipamentos de movimentação interna, entre outros.
- Quando as empresas optam por uma logística colaborativa, elas partilham também os riscos do processo como um todo. Logo, é preciso que se efetive, entre os parceiros, uma boa comunicação, com compartilhamento de informações, de modo a diminuir as incertezas e aumentar a segurança ao longo da cadeia, tornando os sistemas mais responsivos e possibilitando seu direcionamento ao mercado e às demandas, mitigando, assim, possíveis riscos.
- O futuro da logística colaborativa, por mais que a previsão seja muito incerta, está nas transformações tecnológicas e nos meios de compartilhamento sustentáveis, por isso, os gestores devem preparar-se e buscar aperfeiçoamento necessário a fim de se adequar a esse novo cenário vindouro.

Estudo de caso

Texto introdutório

Os consumidores estão cada vez mais exigentes e buscam eficiência em todos os aspectos da empresa em que escolhem comprar, principalmente no que diz respeito à qualidade do serviço e à entrega dos produtos. Em contrapartida, a busca por melhor qualidade de vida da população tem feito com que políticas de urbanização sejam implantadas em diversos municípios, ocasionando restrições no fluxo de veículos em determinados horários, o que afeta diretamente a dinâmica de entregas de mercadorias.

Atualmente, há uma gama de possibilidades de entregas de mercadorias, e, a cada dia, as empresas buscam meios mais eficazes. Para isso, adequam-se às exigências do mercado e às regulamentações legais do país. No que se refere às entregas, uma lei que deve ser observada por toda empresa é a Lei n. 12.587/2012, Política Nacional de Mobilidade Urbana, que traz diversos dispositivos sobre a gestão do sistema de transportes e de mobilidade urbana.

Texto do caso

A empresa Bela S.A. atua no mercado atacadista de venda e distribuição de produtos de beleza há muitos anos. Nos últimos meses, no entanto, tem enfrentado dificuldades com algumas entregas para o setor varejista por diversos motivos, entre os quais o acesso a determinados espaços cuja circulação de veículos de carga está restrita ao horário comercial, e a empresa tem somente veículos de cargas do tipo *tuck*.

Outro motivo consiste na quantidade de entregas, uma vez que a referida empresa tem realizado poucas vendas e conta apenas com veículos grandes, sendo estes preenchidos com a capacidade mínima, o que aumenta a despesa com transporte. Neste momento, a Bela S.A. não pensa em adquirir novos veículos, tendo em vista sua baixa nas vendas, ou seja, a empresa não considera o investimento viável em razão do fluxo financeiro atual, e seu maior receio é ficar descapitalizada ou adquirir novas dívidas. Assim, caso aumentem seus custos, terá de repassar ao cliente, mais uma consequência com qual não gostaria de arcar, pois pode impactar ainda mais a redução de suas vendas.

Diante desse problema, quais são as medidas possíveis que a empresa pode adotar sem, contudo, aumentar seus custos, descapitalizar-se ou adquirir novas dívidas?

Resolução

Tendo em vista as atuais restrições impostas por muitos municípios no que se refere à mobilidade urbana, muitas empresas têm de se adequar às novas formas de entrega ou de armazenagem de suas mercadorias. Assim, algumas optam por distribuir suas mercadorias em armazéns localizados em pontos estratégicos da cidade, o que agiliza as entregas, já que o local de armazenamento está mais próximo do cliente. Outras, por sua vez, buscam novas formas de transportar essas mercadorias, muitas vezes unindo-se aos concorrentes, em busca de vantagens para ambos. Dessa necessidade surge a logística colaborativa, um meio de redução de custos e otimização dos processos logísticos via colaboração mútua entre os parceiros.

Analisando a atual situação da empresa Bela S.A, podemos pensar em vários tipos de entrega possíveis, contudo, o meio mais viável seria o transporte colaborativo, buscando parceiros na realização das entregas, pois a empresa tem feito poucas entregas, uma vez que suas vendas baixaram e, além disso, não tem um tipo de veículo que possa circular em horário comercial. Assim, por meio do transporte colaborativo, a Bela S.A. pode compartilhar lugares desocupados em seus grandes veículos com outras empresas parcerias, até mesmo concorrentes que atuem na mesma região, já que o interesse maior é a consolidação de fretes ou o fracionamento de cargas.

Pela via da consolidação de fretes, a empresa Bela S.A. pode unir cargas e, consequentemente, reduzir o valor do frete de acordo com a quantidade do volume da carga, podendo programar essas entregas em dias e áreas específicos. Outra alternativa é enviar as mercadorias a um ponto intermediário de fracionamento de carga para economizar no transporte, em que, posteriormente, as encomendas são reunidas e enviadas para o destino final. No fracionamento de cargas as empresas parceiras pagam o frete referente ao volume ocupado no veículo. Dessa forma, como a Bela S.A está com poucas entregas, haverá economia, pois tem pouca mercadoria a transportar.

Dica 1

Recomendamos que assista ao vídeo a seguir, que aprofunda o tema *fracionamento de cargas*, demonstrando o que as empresas devem esperar dessa modalidade e quais são suas vantagens e desvantagens.

CARGA fracionada: o que esperar dessa modalidade. **Logística na Prática**, 28 jan. 2020. (5 min 39 s). Disponível em: <https://www.youtube.com/watch?v=Jb0LKjjnTQg>. Acesso em: 5 jun. 2021.

Dica 2

Sugerimos a leitura do *Caderno de referência para elaboração de Plano de Mobilidade Urbana* (Brasil, 2015), que aborda aspectos diversos da mobilidade urbana, sobretudo no que se refere à circulação de carga urbana.

BRASIL. Ministério das Cidades. **Caderno de referência para elaboração de Plano de Mobilidade Urbana.** 2015. Disponível em: <http://planodiretor.mprs.mp.br/arquivos/planmob.pdf>. Acesso em: 5 jun. 2021.

Dica 3

Indicamos a leitura do artigo a seguir, que explicita as maneiras pelas quais as empresas podem buscar soluções em tempo de crise para garantir o transporte sem prejudicar a otimização dos serviços.

BENZECRY, M., NAZÁRIO, P. **Crise econômica**: oportunidades e desafios para o supply chain management. Disponível em: <https://www.unifaccamp.edu.br/graduacao/logistica/arquivo/pdf/crise_econOmica.pdf>. Acesso em: 5 jun. 2021.

para concluir....

Atualmente, a logística colaborativa vem ganhando espaço no mercado, uma vez que se apresenta como um diferencial na redução dos custos e na otimização dos processos logísticos, contando com o auxílio de diversas tecnologias, como *softwares* atualizados.

Inicialmente, expusemos a necessidade de se debater a logística colaborativa, visto que as organizações procuram um diferencial, contudo, têm de manter um relacionamento estratégico com os parceiros, o que envolve, sobretudo, confiança. Para tanto, apresentamos os fundamentos da logística colaborativa.

Na sequência, demonstramos a relação existente, na logística colaborativa, entre transportes e fornecedores, enfocando a importância de redução dos custos. Seguindo essa linha de raciocínio, evidenciamos a atuação dos provedores logísticos nas operações da logística colaborativa e mostramos em que consiste o compartilhamento de armazéns, as plataformas logísticas e os condomínios logísticos.

Também destacamos a relevância de leis e normas que regulamentam questões de mobilidade urbana, especificamente quanto ao planejamento de entregas e às alternativas buscadas pelas empresas com o intuito de superar os desafios impostos. Em seguida, analisamos as inovações tecnológicas no âmbito da logística colaborativa e suas contribuições para o aperfeiçoamento das atividades, agregando valor aos serviços disponibilizados.

Por fim, averiguamos os custos relacionados à logística colaborativa e demonstramos como realizar a gestão de crise com os parceiros envolvidos, bem como o que devemos esperar do futuro da logística colaborativa.

Com base nos aportes teóricos e práticos aqui oferecidos, acreditamos que o estudo da logística colaborativa é fundamental para aperfeiçoar processos em curso (ou se criar novas formas) por meio da integração de parceiros que tenham como propósito buscar mais eficiência para suprir, com qualidade, as exigências do mercado atual.

lista de siglas

3PL – *Third-party logistics*
4PL – *Fourth-party logistics*
ANAC – Agência Nacional de Aviação Civil
CD – Centros de distribuição
CDA – Centro de distribuição avançado
CDU – Centro de distribuição urbana
CEP – Código de endereçamento postal
CLM – *Council of Logistic Management* (Conselho de Gestão Logística)
CPFR – *Collaborative planning, forescasting and replenishment*
ECR – *Efficient consumer response*
FOB – *Freen on board*
GCI – Gestão de custos interorganizacionais
INPEV – Instituto Nacional de Processamento de Embalagens Vazias
IOT – *Internet of things*
LLP – *Lead logistics provider* (parceria logística líder)
OTM – Operador de transporte multimodal
PCV – Problema do caixeiro-viajante
PL – *Party logistics*
PlanMob – Plano de Mobilidade Urbana

PPPs – Parceria público-privada
QR – *Quick response* (resposta rápida)
REP – Responsabilidade estendida ao produtor
SCM – *Supply chain management* (cadeia de suprimento)
SGA – Sistema de gerenciamento de armazéns
SGP – Sistema de gerenciamento de pedidos
SGT – Sistema de gerenciamento de transportes
SIG – Sistema de informação geográfica
SIL – Sistema de informação logística
SRPV – Sistemas de roteirização e programação de veículos
TI – Tecnologia da informação
WMS – *Warehouse management system*
VAS – *Value-added service*
VICS – *Voluntary Interindustry Commerce Standards*
VMI – *Vendor managed inventory* (estoque gerenciado pelo fornecedor)
VUC – Veículo urbano de carga

referências

ABREU, B. R. A. **Diretrizes para elaboração de planos de mobilidade urbana de carga**. Dissertação (Mestrado em Geotecnia e Transportes) – Universidade Federal de Minas Gerais, Belo Horizonte, 2015. Disponível em: <https://repositorio.ufmg.br/bitstream/1843/BUBD-A3BP2V/1/geotecniatransportes_barbararibeiroalvesabreu_dissertacaomestrado.pdf>. Acesso em: 5 jun. 2021.

ADÃO, B. F. P. **Logística colaborativa de distribuição urbana**. Monografia (Especialização em Logística) – Universidade Federal do Paraná, Curitiba, 2014. Disponível em: <https://acervodigital.ufpr.br/bitstream/handle/1884/46619/R%20-%20E%20-%20BERNARDO%20FRAGOSO%20PIRES%20ADAO.pdf?sequence=1&isAllowed=y>. Acesso em: 5 jun. 2021.

ALMEIDA, C. M. P. R. de; SCHLÜTER, M. R. **Estratégia logística**. Curitiba: Iesde, 2012.

ALVARENGA, A. C.; NOAVES, A. G. N. **Logística aplicada**: suprimento e distribuição física. 3. ed. São Paulo: Blucher, 2000.

ALVES, A.; BARAVELLI, V. **Tópicos avançados de marketing**. São Paulo: Senac, 2019.

ARAÚJO, F. A.; REIS, J. G. M. dos; CORREIA, P. F. da C. Uso de lockers como melhoria na redução do risco do last mile no e-commerce. In: ENCONTRO NACIONAL DE ENGENHARIA DE PRODUÇÃO, 39., São Paulo, 2019. Anais... Disponível em: <http://www.abepro.org.br/biblioteca/TN_STO_290_1634_38633.pdf>. Acesso em: 5 jun. 2021.

ARKADER, R. The Perspective of Suppliers on Lean Supply in a Developing Country context. **Integrated Manufacturing Systems**, v. 12, n. 2, abr. 2001.

AYRES, A. de P. S. **Gestão de logística e operações**. Curitiba: Iesde, 2009.

BALLOU, R. H. **Gerenciamento da cadeia de suprimentos / logística empresarial**. Tradução de Raul Rubenich. 5. ed. Porto Alegre: Bookman, 2006.

BARAT, J. **Globalização, logística e transporte aéreo**. São Paulo: Senac, 2019.

BARAT, J. (Org.) **Logística e transporte no processo de globalização**: oportunidades para o Brasil. São Paulo: Unesp; IEEI, 2007.

BERNARDES, F. F.; FERREIRA, W. R. **Logística urbana**: análises e considerações acerca do transporte de cargas. Disponível em: <http://files-server.antp.org.br/_5dotSystem/download/dcmDocument/2015/06/15/81B8032B-EA00-4043-9CC5-1A43FEB01346.pdf>. Acesso em: 5 jun. 2021.

BERTAGLIA, P. R. **Logística e gerenciamento da cadeia de abastecimento**. São Paulo: Saraiva, 2003.

BERTAGLIA, P. R. **Logística e gerenciamento da cadeia de abastecimento**. 2. ed. rev. e atual. São Paulo: Saraiva, 2009.

BERTAGLIA, P. R. **Logística e gerenciamento da cadeia de abastecimento**. 3. ed. São Paulo: Saraiva, 2016.

BERTAGLIA, P. R. **Logística e gerenciamento da cadeia de abastecimento**. 4. ed. São Paulo: Saraiva, 2020.

BORGES, W. L. **Uma análise da implantação de CPFR em empresas de varejo**. 114 f. Dissertação (Mestrado em Engenharia de Produção) – Universidade de São Paulo, Escola de Engenharia de São Carlos, São Carlos, 2011. Disponível em: <https://teses.usp.br/teses/disponiveis/18/18156/tde-02052012-114021/publico/Wagner_Luis_Borges.pdf>. Acesso em: 5 jun. 2021.

BORTOLLI, A. et al. **Estudo de viabilidade econômica para implantação de um centro de armazenamento compartilhado em Campo Grande – MS**. Monografia (Especialização em Gestão de Negócios) – Fundação Dom Cabral, Campo Grande, 2018. Disponível em: <https://repositorio.itl.org.br/jspui/handle/123456789/40>. Acesso em: 5 jun. 2021.

BOUDOUIN, D. Logística-território-desenvolvimento: o caso europeu. In: SEMINÁRIO INTERNACIONAL: LOGÍSTICA, TRANSPORTES E DESENVOLVIMENTO, 1., 1996, Ceará. **Anais**... Universidade Federal do Ceará, 1996.

BOWERSOX, D. J. et al. **Gestão logística da cadeia de suprimentos**. Porto Alegre: Bookman, 2014.

BOWERSOX, D. J. et al. **Gestão logística de cadeia de suprimentos**. Porto Alegre: Bookman, 2006.

BRANCO, F. J. C.; GIGIOLI, O. A. Roteirização de transporte de carga. Estudo de caso: distribuidora de tintas e seu método de entregas. **FAE**, v. 17, n. 2, p. 56-81, jul./dez. 2014. Disponível em: <https://revistafae.fae.edu/revistafae/article/view/18>. Acesso em: 5 jun. 2021.

BRANCO, R. H. F.; LEITE, D. E. S.; VINHA JUNIOR, R. **Gestão colaborativa de projetos**: a combinação de design thinking e ferramentas práticas para gerenciar seus projetos. São Paulo: Saraiva, 2016.

BRANDALISE, L. **Administração de materiais e logística**. Cascavel: Simplíssimo, 2017.

BRASIL. Constituição (1988). **Diário Oficial da União**, Brasília, BF, 5 out. 1988. Disponível em: <http://www.planalto.gov.br/ccivil_03/constituicao/constituicao compilado.htm>. Acesso em: 5 jun. 2021.

BRASIL. Lei n. 9.503, de 23 de setembro de 1997. **Diário Oficial da União**, Poder Executivo, DF, Brasília, 24 set. 1997. Disponível em: <http://www.planalto.gov.br/ccivil_03/leis/l9503compilado.htm>. Acesso em: 5 jun. 2021.

BRASIL. Lei n. 10.257, de 10 de julho de 2001. **Diário Oficial da União**, Poder Executivo, Brasília, DF, 10 jul. 2001. Disponível em: <http://www.planalto.gov.br/ccivil_03/leis/leis_2001/l10257.htm>. Acesso em: 5 jun. 2021.

BRASIL. Lei n. 11.079, de 30 de dezembro de 2004. **Diário Oficial da União**, Poder Executivo, DF, Brasília, 30 dez. 2004. Disponível em: <http://www.planalto.gov.br/ccivil_03/_ato2004-2006/2004/lei/l11079.htm>. Acesso em: 5 jun. 2021.

BRASIL. Lei n. 12.587, de 3 de janeiro de 2012. **Diário Oficial da União**, Poder Executivo, Brasília, DF, 3 jan. 2012. Disponível em: <http://www.planalto.gov.br/ccivil_03/_ato2011-2014/2012/lei/l12587.htm>. Acesso em: 5 jun. 2021.

BRASIL. Ministério das Cidades. **Caderno de referência para elaboração de Plano de Mobilidade Urbana**. 2015. Disponível em: <http://planodiretor.mprs.mp.br/arquivos/planmob.pdf>. Acesso em: 5 jun. 2021.

BUENO, M. J. C.; VENDRAMETTO, O.; ALISANCIC, A. O consórcio modular como fator de competitividade: um estudo de caso na Volkswagen Resende e São Bernardo do Campo. SEGeT – SIMPÓSIO DE EXCELÊNCIA EM GESTÃO E TECNOLOGIA. 2007. Disponível em: <https://www.aedb.br/seget/arquivos/artigos07/1113_Resumo.pdf>. Acesso em: 5 jun. 2021.

BULLER, L. S. **Logística empresarial**. Curitiba: Iesde Brasil, 2012.

CALDERÓN, B. C., PASTOR ANTOLÍN, L. J. La ciudad como territorio logístico: plataforma logística de Vereda de Palomares em Valladolid. **Polígonos**, n. 11-12, p. 11-44, 2001-2002. Disponível em: <http://revpubli.unileon.es/ojs/index.php/poligonos/article/view/520/461>. Acesso em: 5 jun. 2021.

CAMPOS, A. de; GOULART, V. D. G. **Logística reversa integrada**: sistemas de responsabilidade pós-consumo aplicados ao ciclo de vida dos produtos. São Paulo: Érica, 2017.

CANO, C.; SILVA, G. G. R. da. **Introdução à logística empresarial (supply chain management)**. São Paulo: Senac, 2018.

CASTIGLIONI, J. A. de M.; MINETTO JUNIOR, R. F. **Processos logísticos**. São Paulo: Érica; Saraiva, 2014.

CASTIGLIONI, J. A. de M.; NASCIMENTO, F. C. do. **Custos de processos logísticos**. São Paulo: Érica; Saraiva, 2014.

CAXITO, F. (Coord.) **Logística**: um enfoque prático. 3. ed. São Paulo: Saraiva, 2019.

CHOPRA, S.; MEINDL, P. **Gerenciamento da cadeia de suprimentos**: estratégia, planejamento e operação. São Paulo: Pearson Prentice Hall, 2003.

CHOPRA, S.; MEINDL, P. **Gestão da cadeia de suprimentos**: estratégia, planejamento e operações. São Paulo: Pearson Prentice Hall, 2011.

CHRISTOPHER, M. **Logística e gerenciamento da cadeia de suprimentos**: estratégias para redução de custos e melhoria dos serviços. São Paulo: Pioneira, 2002.

CORRÊA, O. H. **Logística**: conceitos históricos e operacionais. Santa Catarina: Clube dos autores, 2020.

CÔRTES, P. L. **Administração de sistema de informação**. São Paulo: Saraiva, 2012.

DAMIAN, T. **Gestão de empresa**: tópicos especiais em gestão empresarial. Jundiaí: Paco Editorial, 2018.

DIAS, A. Entenda o que são os condomínios logísticos. **Adriano Dias Advocacia e Assessoria Jurídica**. Disponível em: <https://www.adrianodiasadvocacia.adv.br/documents/ENTENDA_O_QUE_S_O_OS_CONDOM_NIOS_LOG_STICOS.pdf>. Acesso em: 5 jun. 2021.

DOMINGOS, B. S. M. et al. Análise comparativa do sistema de coletas programadas *Milk Run* em uma indústria de máquinas e equipamentos. In: ENCONTRO NACIONAL DE ENGENHARIA DE PRODUÇÃO, 32., Bento Gonçalves, 2012. **Anais**... Disponível em: <http://www.abepro.org.br/biblioteca/enegep2012_tn_sto_157_915_19496.pdf>. Acesso em: 5 jun. 2021.

DUBKE, A. F. **Modelo de localização de terminais especializados**: um estudo de caso em corredores de exportação da soja. 177 f. Tese (Doutorado em Engenharia de Produção) – Pontifícia Universidade Católica do Rio de Janeiro, Rio de Janeiro, 2006. Disponível em: <https://www.maxwell.vrac.puc-rio.br/colecao.php?strSecao=resultado&nrSeq=9590@1>. Acesso em: 5 jun. 2021.

FERNANDES, K. dos S. **Logística**: fundamentos e processos. Curitiba: Iesde Brasil, 2008.

FERNANDES, G. R. et al. CRM: uma ferramenta fundamental para a captação e manutenção de clientes. **PensarTecnologia**, v. 4, n. 2, jul. 2015. Disponível em: <https://studylibpt.com/doc/2703595/crm-%E2%80%93-uma-ferramenta-fundamental-para-a-capta%C3%A7%C3%A3o-e>. Acesso em: 5 jun. 2021.

FERREIRA, L. et al. **Processos logísticos**. Londrina: Editora e Distribuidora Educacional, 2016.

FREITAS, M. M. B. C. de; FRAGA, M. A. de F.; SOUZA, G. P. L. de. Logística 4.0: conceitos e aplicabilidade: uma pesquisa-ação em uma empresa de tecnologia para o mercado automobilístico. **Caderno Paic**, v. 17, n. 1, 2016. Disponível em: <https://cadernopaic.fae.edu/cadernopaic/article/view/214>. Acesso em: 5 jun. 2021.

FUSCO, J. P. A. **Redes produtivas e cadeias de fornecimento**. São Paulo: Arte e Ciência, 2005.

GANZER. A. A. et al. (Orgs). **Educação ambiental e meio ambiente em pauta**. Novo Hamburgo: Feevale, 2017. Disponível em: <https://www.feevale.br/Comum/midias/e2a03cd4-72f4-4da7-ab99-a618eabc883f/Educa%C3%A7%C3%A3o%20ambiental%20e%20meio%20ambiente%20em%20pauta.pdf>. Acesso em: 5 jun. 2021.

GATTI JUNIOR, W. De operador a integrador logístico: uma proposta conceitual no contexto dos processos do gerenciamento da cadeia de suprimentos. In: ENCONTRO DA ANPAD, 33., São Paulo, set. 2009. **Anais**... Disponível em: <http://www.anpad.org.br/diversos/down_zips/45/GOL414.pdf>. Acesso em: 5 jun. 2021.

GIL, A. de L.; BIANCOLINO, C. A.; BORGES, T. N. **Sistemas de informações contábeis**: uma abordagem gerencial. São Paulo: Saraiva, 2012.

GOMES, C. F. S. **Gestão da cadeia de suprimentos integrada à tecnologia da informação**. São Paulo: Pioneira Thompson Learning, 2004.

GOMES, C. F. S.; RIBEIRO, P. C. C. **Gestão da cadeia de suprimentos integrada à tecnologia da informação**. 2. ed. Rio de Janeiro: Senac, 2013.

GOULART, V. D. G.; CAMPOS, A. de. **Logística de transporte**: gestão estratégica no transporte de cargas. São Paulo: Érica, 2018.

GRANT, D. B. **Gestão de logística e cadeia de suprimentos**. São Paulo: Saraiva, 2013.

GRIZENDI, E. et. al. **Parcerias público-privadas**: experiência internacional o setor espacial. Rio de Janeiro: E-papers, 2011.

GUARNIERI, P. **Logística reversa**: em busca do equilíbrio econômico e ambiental. Santa Catarina: Clube dos autores, 2013.

GUIMARÃES NETO, O. **Análise de custos**. Curitiba: Iesde, 2009.

IZIDORO, C. **Gestão de tecnologia e informação em logística**. São Paulo: Pearson Education do Brasil, 2016.

IZIDORO, C. (Org.). **Logística empresarial**. São Paulo: Pearson Education do Brasil, 2017.

IZIDORO, C (Org.). **Logística reversa**. São Paulo: Pearson Education do Brasil, 2015.

JACOBS, F. R.; CHASE, R. B. **Administração de operações e da cadeia de suprimentos**. 13. ed. Porto Alegre: Mc Graw Hill; Bookman, 2012.

JOSEF, B. **Globalização, logística e transporte aéreo**. São Paulo: Ed. do Senac, 2019.

LEITE, P. R. **Logística reversa**: sustentabilidade e competitividade. São Paulo: Saraiva, 2017.

MAGALHÃES, A. et al. **Gestão da cadeia de suprimentos**. Rio de Janeiro: FGV, 2013.

MANSILHA, S. **Comunicação Corporativa**: textos básicos. Santa Catarina: Clube de autores, 2013.

MANTOVANI, F. R.; SILVA, J. L. da. **Gestão estratégica de custos**. São Paulo: Senac, 2018.

MARIANTE, E. **Uma proposta de critérios de implantação de condomínio logístico para a cidade do Rio de Janeiro**. Dissertação (Mestrado em Engenharia Urbana e Ambiental) – Pontifícia Universidade Católica do Rio de Janeiro, Rio de Janeiro, 2017. Disponível em: <https://www.maxwell.vrac.puc-rio.br/32446/32446.PDF>. Acesso em: 5 jun. 2021.

MARQUES, C. F.; ODA, É. **Atividades técnicas na operação logística**. Curitiba: Iesde, 2012.

MARTINS, R. S. **Gestão da logística e das redes de suprimento**. Curitiba: InterSaberes, 2019.

MENDES, A. A. **Dinâmica locacional das indústrias**: fatores, agentes e processos. São Paulo: Blucher, 2020.

MENDES, R. **Logística**: mercado, tendências e inovações. Curitiba: ASAP Log, 2016. v. 2.

MIRANDA, R. **Estratégia de comercialização e logística integrada**. São Paulo: Senac, 2019.

MORAES, F. **Planejamento estratégico digital**. 2. ed. São Paulo: Saraiva Educação, 2018.

MORAIS, R. R. de. **Logística empresarial**. Curitiba: InterSaberes, 2015.

MOURA. D. A. de; BOTTER, R. C. Caracterização do sistema de coleta programada de peças, Milk Run. **RAE eletrônica**, v. 1, n. 1, jan./jun. 2002. Disponível em: <https://www.scielo.br/pdf/raeel/v1n1/v1n1a10.pdf>. Acesso em: 5 jun. 2021.

MUNIZ, E. F. de A. da C.; CRUZ, G. R. da. **Estudo crítico sobre relacionamentos colaborativos na cadeia de suprimentos e seus impactos no processo decisório logístico**. Monografia (Graduação em Engenharia de Produção) – Universidade Federal do Rio de Janeiro, Rio de Janeiro, 2016. Disponível em: <http://monografias.poli.ufrj.br/monografias/monopoli10017175.pdf>. Acesso em: 5 jun. 2021.

MUKAI, H. et al. Logística urbana. In: ENCONTRO NACIONAL DE ENGENHARIA DE PRODUÇÃO, 27., Foz do Iguaçu, 2007. **Anais...** Disponível em: <http://www.abepro.org.br/biblioteca/enegep2007_tr570428_8881.pdf>. Acesso em: 5 jun. 2021.

NICOLINI, M. A. S. **A cadeia logística colaborativa**: como a evolução dos conceitos contribui para a otimização e integração dos processos logísticos. Monografia (Especialização em Logística Empresarial) Universidade Candido Mendes, Rio de Janeiro, 2011. Disponível em: <http://www.avm.edu.br/docpdf/monografias_publicadas/k217399.pdf>. Acesso em: 5 jun. 2021.

NOVAES, A. G. **Logística e gerenciamento da cadeia de distribuição**. 4. ed. Rio de Janeiro: Elsevier, 2015.

OLIVEIRA, R. C. Q. **Gestão de riscos e continuidade nos negócios**. São Paulo: Senac, 2020.

OLIVEIRA, L. K. de et al. **Distribuição urbana de mercadorias e planos de mobilidade de carga**: oportunidades para municípios brasileiros. Biblioteca Felipe Herrera do Banco Interamericano de Desenvolvimento. Brasília: BID, 2018. Disponível em: <https://www.mobilize.org.br/midias/pesquisas/cargas-nos-planos-de-mobilidade.pdf>. Acesso em: 5 jun. 2021.

PAOLESCHI, B. **Almoxarifado e gestão de estoques**. São Paulo: Érica, 2019.

PAOLESCHI, B. **Cadeia de suprimentos**. São Paulo: Érica; Saraiva, 2015.

PAOLESCHI, B. **Estoques e armazenagem**. São Paulo: Érica, 2014.

PECHLIVANIS, M. **Economia das dádivas**: o novo milagre econômico. Rio de Janeiro: Alta Books, 2016.

PERELMUTER, G. **Futuro presente**: o mundo movido à tecnologia. São Paulo: Companhia Editora Nacional, 2019.

PIRES, S. R. I. **Gestão da cadeia de suprimentos**: conceitos, estratégias, práticas e casos. São Paulo: Atlas, 2004.

PONTES, H. L. J.; ALBERTINI, M. R. **Logística e distribuição física**. Curitiba: InterSaberes, 2017.

RAZZOLINI FILHO, E. **Logística empresarial no Brasil**: Tópicos especiais. Curitiba: InterSaberes, 2012.

RAZZOLINI FILHO, E.; BERTÉ, R. **O reverso da logística e as questões ambientalismo Brasil**. Curitiba: InterSaberes, 2013.

RESENDE, A. P. de. et al. Consórcio modular: o novo paradigma do modelo de produção. In: ENCONTRO NACIONAL DE ENGENHARIA DE PRODUÇÃO, 22., Curitiba, out. 2002. **Anais**... Disponível em: <http://www.abepro.org.br/biblioteca/enegep2002_tr15_0436.pdf>. Acesso em: 5 jun. 2021.

RICCIARDI, N., CRAINIC, T. G.; STORCHI, G. Planning Models for City Logistics Operations. **Journées de l´Optimization: Optimizations Days. Séance TA6 – Logistique II/ Logistics II**, 2003.

ROBLES, L. T. **Cadeias de suprimentos**: administração de processos logísticos. Curitiba: InterSaberes, 2016.

ROBLES, L. T.; LA FUENTE, J. M. **Logística reversa**: um caminho para o desenvolvimento sustentável. Curitiba: InterSaberes, 2019.

ROCHA, M. D. A.; SOUSA, J. M. de. **Canais de distribuição e geomarketing**. São Paulo: Saraiva, 2017.

RODRIGUES, D. M.; SELLITTO, M. A. Práticas logísticas colaborativas: o caso de uma cadeia de suprimentos da indústria automobilística. **Revista de Administração**, v. 43, n. 1, p. 97-111, jan./fev./mar. 2008. Disponível em: <https://www.revistas.usp.br/rausp/article/view/44470/48090>. Acesso em: 5 jun. 2021.

RODRIGUES, P. R. A. **Introdução aos sistemas de transporte no Brasil e à logística internacional**. São Paulo: Aduaneiras, 2007.

RODRIGUES, P. R. A. et al. **Gestão de logística internacional**. Rio de Janeiro: FGV, 2014.

ROSA, D. P. **O planejamento de centros logísticos com base na agregação de valor por serviços logísticos em terminais de transporte**. 291 f. Tese (Doutorado em Engenharia de Transportes) – Universidade Federal do Rio de Janeiro, Rio de Janeiro, 2005.

SACOMANO, J. B. et al. (Org.). **Industria 4.0**: conceitos e fundamentos. São Paulo: Blucher. 2018.

SANCHES JUNIOR, P. F. et al. As atividades de circulação de mercadorias e a regulamentação da mobilidade urbana no Brasil. In: ENCONTRO NACIONAL DE ENGENHARIA DE PRODUÇÃO, 28., Rio de Janeiro, out. 2008. **Anais...** Disponível em: <http://www.abepro.org.br/biblioteca/enegep2008_TN_STO_069_490_11440.pdf>. Acesso em: 5 jun. 2021.

SANTOS, S. **Introdução à indústria 4.0**: saiba tudo sobre a revolução das máquinas. Santa Catarina: Clube dos autores, 2018.

SCHLÜTER, M. R. **Sistemas logísticos de transportes**. Curitiba: InterSaberes, 2013.

SILVA, B. N. S.; MOURA, A. A. de O. **Logística sustentável**. Universidade de Rio Verde. 2021. Disponível em: <http://www.unirv.edu.br/conteudos/fckfiles/files/BRUNA%20NAIARA%20-%20LOGISTICA%20SUSTENTAVEL.pdf>. Acesso em: 5 jun. 2021.

SILVA, E. F. da; KAWAKAME, M. dos S. Logística 4.0: desafios e inovações. CONGRESSO BRASILEIRO DE ENGENHARIA E PRODUÇÃO, 9., Ponta Grossa, dez. 2019. **Anais...** Disponível em: <http://aprepro.org.br/conbrepro/2019/anais/arquivos/09272019_160930_5d8e6626548f1.pdf>. Acesso em: 5 jun. 2021.

SILVA, G. G. R. da. **Gestão de estoques e armazenagem**. São Paulo: Senac, 2018.

SILVA, J. M. B. da. **Parcerias público-privadas**. Coimbra: Almedina, 2016.

SILVA, M. A. da; SILVA, R. V. da. **Gestão de transportes e infraestrutura**. São Paulo: Senac, 2018.

SILVA, R. da; VIETRO, C. de. A logística colaborativa no transporte rodoviário de cargas e suas vantagens. In: FATECLOG, 10, Guarulhos, maio/jun. 2019. **Anais**... Disponível em: <http://fateclog.com.br/anais/2019/A%20LOG%C3%8DSTICA%20COLABORATIVA%20NO%20TRANSPORTE%20RODOVI%C3%81RIO%20DE%20CARGAS%20E%20SUAS%20VANTAGENS.pdf>. Acesso em: 5 jun. 2021.

SILVA, U. M. da. Logística sustentável. In: CONIC SEMESP – CONGRESSO NACIONAL DE INICIAÇÃO CIENTÍFICA, 20., Hortolândia, São Paulo, 2020. **Anais**... Disponível em: <http://conic-semesp.org.br/anais/files/2020/trabalho-1000005913.pdf>. Acesso em: 5 jun. 2021.

SILVA, V. M. D.; COELHO, A. S; ZAGO, C. A. Collaborative Transportation Management (CTM): uma nova ferramenta de apoio à cadeia de suprimentos. **Tecnologia**, v. 30, n. 2, p. 265-272, dez. 2009. Disponível em: <https://periodicos.unifor.br/tec/article/view/1059>. Acesso em: 5 jun. 2021.

SIMCHI-LEVI, D.; KAMINSKY, P.; SIMCHI-LEVI, E. **Cadeias de suprimentos, projeto e gestão**: conceitos, estratégias e estudos de caso. Tradução de Félix Nonnenmacher. Porto Alegre: Bookman, 2010.

SOBREIRA, V. C. **Metodologia de seleção de município para recebimento de condomínio logístico e análise de viabilidade econômica de sua implantação**. Monografia (Graduação em Engenharia de Produção) – Universidade Federal do Rio de Janeiro, Rio de Janeiro, 2012. Disponível em: <http://monografias.poli.ufrj.br/monografias/monopoli10004617.pdf>. Acesso em: 5 jun. 2021.

SOUZA, C. D. de; MOURA, J. da S. **A evolução dos prestadores de serviços logísticos**: prestadores de serviço tradicionais, operadores logísticos e integradores logísticos. SEGeT – SIMPÓSIO DE EXCELÊNCIA EM GESTÃO E TECNOLOGIA. 2007. Disponível em: <https://www.aedb.br/seget/arquivos/artigos07/47_47_A%20evolucao%20dos%20prestadores%20de%20servicos%20logisticos%20-%20Seget.pdf>. Acesso em: 5 jun. 2021.

SOUSA, J. M. de. **Impacto ambiental e logística reversa**. São Paulo: Senac, 2019.

STANTON, D. **Gestão da cadeia de suprimentos para leigos**. Traduzido por Cibelle Ravagli. Rio de Janeiro: Alta Books, 2019.

STEVAN JR, S. L.; LEME, M. O.; SANTOS, M. M. D. **Indústria 4.0**: fundamentos, perspectivas e aplicações. São Paulo: Érica, 2018.

SZABO, V. **Tópicos estratégicos em logística**. São Paulo: Pearson Education do Brasil, 2016.

TABOADA, C. **Gestão de tecnologia e inovação na logística**. Curitiba: Iesde, 2009.

TANOUE, G. O.; PEREIRA, N. A. **Flexibilidade, gestão de riscos e resiliência na cadeia de suprimentos**. Curitiba: Appris, 2016.

TAURION, C. **Cloud computing**: computação em nuvem – transformando o mundo em tecnologia da informação. Rio de Janeiro: Brasport, 2009.

TAYLOR, D. A. **Logística na cadeia de suprimentos**: uma perspectiva gerencial. Tradução de Claudia Freire. São Paulo: Pearson Addison-Wesley, 2005.

TEZANI, T. **Tecnologias da informação e comunicação no ensino**. São Paulo: Pearson Education, 2017.

TOMAÉL, M. I. **Compartilhamento da informação**. Londrina: Eduel, 2012.

TORRE, Y. **Logística**: teoria e prática. Porto Alegre: Plus; Simplíssimo, 2020.

TORRES, C.; LÉLIS, J. C. **Garantia de sucesso em gestão de projetos**: recurso escasso × planejamento abundante. Rio de Janeiro: Brasport, 2008.

TURBAN, E. VOLONINO, L. **Tecnologia da informação para gestão**: em busca do melhor desempenho estratégico e operacional. Tradução de Aline Evers. 8. ed. Porto Alegre: Bookman, 2013.

VENANZI, D.; LEANDRO, C. R.; SILVA, O. R. da. **Engenharia de sistemas logísticos e cadeias de suprimentos**: medidas de desempenho. São Paulo: Livrus, 2019.

VERAS, M. **Virtualização**: componente central do datacenter. Rio de Janeiro: Brasport, 2011.

VIEIRA, H. F. **Gestão de estoques e operações industriais**. Curitiba, PR: Iesde, 2009.

VIVALDINI, M. Gestão colaborativa e gestão de risco: um estudo sobre capacidades complementares. **Revista Gestão & Conexões**, Vitória, v. 9, n. 2, maio/ago. 2020. Disponível em: <https://periodicos.ufes.br/ppgadm/article/view/28544/20753>. Acesso em: 5 jun. 2021.

VIVALDINI, M. Provedor de serviços logísticos: perspectivas do modelo 4PL. **Contextus – Revista Contemporânea de Economia e Gestão**, v. 17, n. 3, set./dez. 2019. Disponível em: <http://www.periodicos.ufc.br/contextus/article/view/42697/99773>. Acesso em: 5 jun. 2021.

VIVALDINI, M.; SOUZA, F. B. de; PIRES, S. R. I. Implementação de um sistema de collaborative planning, forecasting and replenishment em uma grande rede de fast food por meio de um prestador de serviços logísticos. **Gestão e Produção**, São Carlos, v. 15, n. 3, p. 477-489, set./dez., 2008. Disponível em: <https://www.scielo.br/pdf/gp/v15n3/04.pdf>. Acesso em: 5 jun. 2021.

WILLARD, B. **Como fazer a empresa lucrar com sustentabilidade**: aumente a receita e a produtividade e reduza riscos e despesas. São Paulo: Saraiva, 2014.

WIN, A. The value a 4PL provider can contribute to an organisation. **International Journal of Physical Distribution & Logistics Management**, v. 38, n. 9, p. 674-684, out. 2008.

ZENONE, L. C. **CRM (customer relationship management)**: marketing de relacionamento, fidelização de clientes e pós-venda. São Paulo: Almedina, 2019.

bibliografia comentada

MIRANDA, R. **Estratégia de comercialização e logística integrada.** São Paulo: Senac, 2019.

Esse livro apresenta uma visão atualizada e integrada das atividades logísticas de estoque, transporte, armazenagem e suprimentos, abordando as vantagens e as desvantagens de se buscar os operadores logísticos, de modo a conceber a terceirização como uma oportunidade logística estratégia. A autora também versa sobre os custos associados aos processos logísticos e os impactos na competitividade da empresa, bem como sobre a importância da logística reversa.

BOWERSOX, D. J. et al. **Gestão logística da cadeia de suprimentos.** Porto Alegre: Bookman, 2014.

Dividido em quatro partes, os autores desse livro tratam, inicialmente, dos conceitos basilares da logística e seu funcionamento. A última parte, bastante relevante, ocupa-se das relações colaborativas na cadeia de suprimentos, apontando os riscos e a sustentabilidade envolvidos nesses processos. Essa obra é uma excelente fonte para se compreender a logística colaborativa nas atividades da cadeia de suprimentos.

BRANDALISE, L. **Administração de materiais e logística**. Cascavel: Simplíssimo, 2017.

Esse livro aborda uma visão integrada das áreas funcionais da empresa, destacando as interações logísticas na busca de vantagem competitiva. Apresenta também a informação como fator-chave da cadeia de suprimentos, uma vez que permite uma atuação integrada e coordenada entre os participantes. A autora discute, ainda, os transportes como o elemento mais importante do custo logístico e aponta para o gerenciamento dos fluxos reversos.

STANTON, D. **Gestão da cadeia de suprimentos para leigos**. Traduzido por Cibelle Ravagli. Rio de Janeiro: Alta Books, 2019.

A cadeia de suprimentos, nesse livro, é observada de forma ampla, abarcando diversas áreas além da logística. O autor defende a grande importância da tecnologia para o planejamento e a execução das atividades logísticas por meio de *softwares* específicos. Trata-se de uma boa literatura para iniciantes, pois apresenta linguagem bem detalhada e explicativa sobre o assunto.

CANO, C.; SILVA, G. G. R. da. **Introdução à logística empresarial (supply chain management)**. São Paulo: Senac, 2018.

Essa obra recupera conceitos fundamentais de logística de forma a elucidar a integração entre as tecnologias de informação e a gestão dos processos logísticos. As autoras explanam sobre as perspectivas (e as expectativas) do futuro da logística. Os temas abordados aqui são de grande importância para os processos logísticos e, consequentemente, para compreender a gestão estratégica da organização com base nessas atividades.

ALVES, A.; BARAVELLI, V. **Tópicos avançados de marketing**. São Paulo: Senac, 2019.

Apesar de esse livro não ser direcionado propriamente à logística, ele aborda várias questões sobre as formas de entregas colaborativas, como o *omnichannel*, retratando, ainda, como é a gestão integrada dos *stakeholders*, quem são e de que modo atuam. Por meio de uma leitura de fácil compreensão, os autores conseguem transmitir um número considerável de informações importantes.

sobre as autoras

Elaine Christine é administradora formada pela Universidade Federal de Campina Grande (UFCG) e pós-graduada em Direito Administrativo pela Faculdade Campos Elíseos. Já trabalhou como gerente por quase 10 anos. Atualmente, é professora conteudista da Modular Criativo.

Daniele Melo de Oliveira é administradora de empresas formada pela Fundação de Estudos Sociais do Paraná (Fesp). É mestre em Ciência, Tecnologia e Sociedade pelo Instituto Federal do Paraná (IFPR) e especialista nas áreas de Logística Empresarial, Gestão e Liderança Educacional pela Faculdade de Administração de Empresas do Paraná (FAE), e Gestão do Conhecimento nas Organizações pela Universidade Tecnológica Federal do Paraná (UTFPR). Ainda, é auditora interna da qualidade formada pelo Serviço Nacional de Aprendizagem Industrial do Estado do Paraná (Senai-PR). Além disso, concluiu diversos cursos de qualificação profissional de caráter multidisciplinar, como organização de eventos e workshops, segurança de dados, *big data*, entre outros. Já trabalhou com gestão de *marketing* em uma empresa multinacional do ramo automotivo do município de Pinhais, no Paraná. Há mais de 10 anos, atua como docente dos cursos técnicos, de qualificação e de aprendizagem industrial no Senai-PR, ministrando diversas disciplinas concentradas na área de administração de empresas.

Os papéis utilizados neste livro, certificados por instituições ambientais competentes, são recicláveis, provenientes de fontes renováveis e, portanto, um meio responsável e natural de informação e conhecimento.

FSC
www.fsc.org
MISTO
Papel produzido a partir de fontes responsáveis
FSC® C103535

Impressão: Reproset
Fevereiro/2023